CANHWYLL MARCHOGYON

CYD-DESTUNOLI *PEREDUR*

CANHWYLL MARCHOGYON

CYD-DESTUNOLI *PEREDUR*

golygwyd gan

SIONED DAVIES

PETER WYNN THOMAS

Cyhoeddwyd ar ran
Pwyllgor Iaith a Llên Bwrdd Gwybodau Celtaidd

GWASG PRIFYSGOL CYMRU
CAERDYDD
2000

Manylion Catalogio Cyhoeddi'r Llyfrgell Brydeinig

Mae cofnod catalogio'r gyfrol hon ar gael gan y Llyfrgell Brydeinig

ISBN 0-7083-1639-5

Llun y clawr: Atgynhyrchwyd trwy ganiatâd Meistr a Chymrodyr Coleg Corpus Christi, Caergrawnt
Dyluniwyd y clawr gan Chris Neale
Cysodwyd yng Ngwasg Prifysgol Cymru
Argraffwyd gan Wasg Dinefwr

Er cof

am

Yr Athro A. O. H. Jarman

CYNNWYS

RHAGAIR

> 'Haha,' heb hi, 'graessaw Duw wrthyt, Peredur tec vab Efrawc, blodeu milwyr a chanhwyll marchogyon.' (HP 13.14–16)

Ystyriwyd erioed mai *Peredur* oedd *'enfant terrible'* y *Mabinogion*: chwedl gymhleth ydyw, ac y mae iddi hanes llawysgrifol astrus. Diau mai dyna pam y mae – yn fwy nag unrhyw un o'n chwedlau brodorol – wedi peri cymaint o drafferth i fyfyrwyr israddedig ar hyd y blynyddoedd. Prin bod angen i'r ysgolhaig yntau ymddiheuro am oedi gyda'r chwedl hon: y mae *Peredur* yn herio ein holl ragdybiaethau ynglŷn â'r hyn yw 'testun'.

Ffrwyth dau gyfarfod o'r Cylch Trafod Rhyddiaith a gynhaliwyd yn Adran y Gymraeg, Prifysgol Caerdydd yn 1995 a 1996 yw'r gyfrol hon. Bu'r cynadleddau hynny'n fodd i ganolbwyntio ar *Peredur* a dod ati o sawl cyfeiriad a disgyblaeth: Diolch i'r rhai a fynychodd y cyfarfodydd ac a gyfrannodd at y trafodaethau brwd. Bu Ruth Dennis-Jones, Gwasg Prifysgol Cymru, yn Wion Llygad Cath i'r gyfrol hon: diolch iddi am ei gofal a'i thrylwyredd.

Un o hynodion *Peredur* yw bod gennym bedair fersiwn ganoloesol ohoni: rhai Peniarth 7, Peniarth 14, Llyfr Gwyn Rhydderch, a Llyfr Coch Hergest. Oherwydd amlder cymharol y fersiynau ceir cyfle arbennig i olrhain prosesau trosglwyddo'r chwedl yn ystod cyfnod o ryw gan mlynedd. Disgrifiad gofalus Daniel Huws o gefndir y ddwy lawysgrif gynharaf sy'n agor y gyfrol. Dyma ddarparu cefnlen hanfodol ar gyfer y tri chyfraniad nesaf, sy'n ystyried trosglwyddo'r testun o'r naill gopïwr i'r llall. Ar rai o'r newidynnau ieithyddol grymusaf y mae Peter Wynn Thomas yn canolbwyntio. Y mae'n ieuo elfennau o fethodoleg sosioieithyddiaeth at y stema draddodiadol, a chyflwyno model newydd – y stema ddynamig – er mwyn ceisio cyfleu rhai o hanfodion y berthynas rhwng y pedair fersiwn. Natur y symud o'r hyn a ystyrid yn destun hyblyg i destun sefydlog ac awdurdodol neu awdurdodedig yw craidd cyfraniad

Brynley F. Roberts. Ac y mae Sioned Davies, drwy gymharu'n fanwl elfennau yn arddull y tair fersiwn hynaf, yn olrhain am y tro cyntaf rai o'r newidiadau a welir wrth i destun traddodiadol ymgartrefu yn y cyfrwng ysgrifenedig.

 chyd-destun cymdeithasol y chwedl y mae a wnelo'r tri chyfraniad arall. Gweddau ar y byd sifalrïaidd, ac yn arbennig hyfforddiant a datblygiad y marchog, a drafodir gan Morfydd E. Owen, sy'n dangos sut y mae'r chwedl yn adlewyrchu byd a phersonél a ddaethai'n drwm dan ddylanwad ffasiynau Eingl-Normanaidd. Lle'r chwedl ar lwyfan Ewropeaidd, y dylanwadu a'r benthyca rhwng y deunyddiau Cymraeg a Ffrangeg yw maes trafod Ceridwen Lloyd-Morgan. I gloi'r gyfrol, y mae Stephen Knight yn cynnig y darlleniad ôl-drefedigaethol cyntaf o *Peredur*, ac yn ceisio darganfod cyd-destun cymdeithasegol-wleidyddol y chwedl o bersbectif newydd. Yn y Saesneg y traddodwyd y papur hwn.

Nid dim ond casgliadau'r penodau unigol sy'n gyffrous: adleisir casgliad mwy cyffredinol – sy'n herio un o'r syniadau traddodiadol – gan fwy nag un o awduron y gyfrol hon. Sef nad i'r De-ddwyrain y perthyn dechrau traddodiad ysgrifenedig *Peredur*, ond i'r Gogledd; yr ymhlygiad yw mai o lys Gwynedd y tarddodd. Nid anodd dychmygu'r wên yn ymledu dros wyneb yr Athro Jarman.

Y CYFRANWYR

Sioned Davies: Athro a Phennaeth Adran y Gymraeg, Prifysgol Caerdydd

Daniel Huws: Cyn-Geidwad Adran Llawysgrifau a Chofysgrifau Llyfrgell Genedlaethol Cymru

Stephen Knight: Athro Llenyddiaeth y Saesneg, Prifysgol Caerdydd

Ceridwen Lloyd-Morgan: Archifydd Cynorthwyol Hŷn yn Adran Llawysgrifau a Chofysgrifau Llyfrgell Genedlaethol Cymru a Chymrawd Ymchwil yn Adran Gymraeg, Prifysgol Caerdydd

Morfydd E. Owen: Cymrawd Hŷn yng Nghanolfan Uwchefrydiau Cymreig a Cheltaidd Prifysgol Cymru, a Chymrawd yn Adran y Gymraeg, Prifysgol Cymru Aberystwyth

Brynley F. Roberts: Cyn-Lyfrgellydd Llyfrgell Genedlaethol Cymru

Peter Wynn Thomas: Athro yn Adran y Gymraeg, Prifysgol Caerdydd

BYRFODDAU

HP	Glenys Goetinck (gol.), *Historia Peredur vab Efrawc* (1976, Caerdydd: Gwasg Prifysgol Cymru)
J111	Oxford, Jesus College MS 111
J119	Oxford, Jesus College MS 119
P4	Llyfrgell Genedlaethol Cymru, MS Peniarth 4
P7	Llyfrgell Genedlaethol Cymru, MS Peniarth 7
P14	Llyfrgell Genedlaethol Cymru, MS Peniarth 14
RM	John Rhŷs a J. Gwenogvryn Evans (eds), *The Text of the Mabinogion and other Welsh Tales from the Red Book of Hergest* (1887, Oxford)
RMWL	J. Gwenogvryn Evans, *Reports on Manuscripts in the Welsh Language* (1898–1910, London: HMSO)
WM	J. Gwenogvryn Evans (ed.), *The White Book Mabinogion: Welsh Tales and Romances reproduced from the Peniarth Manuscripts* (1907, Pwllheli)

CC	Cymraeg Canol
col.	colofn(au)
ff.	ffolio(s)
ll.	llinell(au)
S	Saesneg
t./tt.	tudalen(nau)

Y PEDAIR LLAWYSGRIF GANOLOESOL

Daniel Huws

Un o ddiddordebau chwedl *Peredur* yw bod gennym bedair o lawysgrifau canoloesol sydd yn ei chynnwys, sef – o'u gosod yn nhrefn amser – Peniarth 7, Peniarth 14ii, Peniarth 4/5 (Llyfr Gwyn Rhydderch) a Choleg Iesu 111 (Llyfr Coch Hergest). Y mae'r ddwy gyntaf o'r rhain yn tarddu o gyfnod pan oedd *Peredur*, yn nhermau trosglwyddiad llawysgrifol, yn chwedl unigol, cyn iddi gael ei thynnu i'r corpws chwedlonol a ddaeth yn hysbys, lawer yn ddiweddarach, dan enw y *Mabinogion*.

Os bydd gan ddarllenydd neu ysgolhaig ddiddordeb yn y llawysgrifau sy'n cynnwys rhyw destun, y tebyg yw mai ceisio atebion y bydd i ryw bum cwestiwn am wneuthuriad y llawysgrif: pa bryd? pa le? gan bwy? ar gyfer pwy? paham? Dim ond yn eithriadol y bydd coloffon yn darparu ateb uniongyrchol i bob un o'r rhain. Yn amlach, hyd yn oed lle bo coloffon, dim ond ateb i ryw un neu ddau o'r cwestiynau a gynigir. Wrth drafod pedair llawysgrif *Peredur* ni allwn ond breuddwydio am goloffonau: y mae diwedd pob un o'r pedwar llyfr yn eisiau.

Yn absenoldeb coloffon rhaid edrych ar dystiolaeth arall. Dim ond i un o'r pum cwestiwn – pa bryd? – y gallwn fod yn ffyddiog o allu cynnig ateb o ryw fath bob tro, a hynny ar sail yr wyddor sigledig honno, palaeograffeg. Ambell dro, os oes modd adnabod yr un llaw mewn mwy nag un llawysgrif, bydd palaeograffeg yn dod â ni yn nes at allu ateb rhai o'r cwestiynau eraill hefyd. Cynigir sylwadau isod ar y pedair llawysgrif ac atebion, hyd y bo modd, i'r pum cwestiwn. O ran Llyfr Gwyn Rhydderch a Llyfr Coch Hergest ni welaf le i ychwanegu unrhyw fanylion arbennig; gan hynny, ni wneir ond crynhoi'r hyn sy'n berthnasol o'r dadansoddiadau sydd eisoes ar gael mewn print. Yn achos y ddwy lawysgrif arall, fodd bynnag, gellir cynnig ychydig sylwadau newydd.

Peniarth 7

Gellir edrych ar Peniarth 7 fel petai'n ddau lyfr a fu ar un adeg yn annibynnol.[1] Dyma, fe ymddengys, oedd safbwynt Gwenogvryn Evans. Ond tybiaf mai camsynied fyddai hynny.

Y mae wyth plyg i'r llyfr. Yn y ddau gyntaf (ff. 5–15, sef col. 5–48) y ceir *Peredur* ac yn y chwech arall *Chwedlau Siarlymaen* (gan agor 'In omine trino hoc oppus incipio') ynghyd ag *Ystorya Addaf* a chwedlau crefyddol apocryffaidd eraill. Plygion o wyth yw'r ddau blyg cyntaf ond bod y ddalen gyntaf a'r chweched yn y cyntaf yn eisiau (a thestun wedi ei golli ar y gyntaf ond nid ar y chweched: tebyg bod honno wedi ei thrychu oherwydd i'r ysgrifwr wneud rhyw gawlach); yn yr ail blyg y mae'r ail ddalen yn eisiau (a thestun wedi ei golli) a hefyd y chweched, y seithfed a'r wythfed, ond heb fod coll testun: tebyg bod y tair hyn yn wag ac iddynt gael eu trychu er mwyn eu defnyddio at bwrpas arall. Trwy esgeulustra, fe gamrwymir ff. 40, 42, 47 a 49 ar ôl ff. 14 yn y rhwymiad presennol.

Un llaw a ysgrifennodd blygion 1 a 2, sef *Peredur*, a llaw arall blygion 3–8. Dyma farn Gwenogvryn Evans am y ddwy: 'Cols. 5–48 [sef testun *Peredur*] are in a hand earlier than the rest of the MS., which belongs to the XIVth century' (RMWL I: 317). Ond er bod terfyn testunol yn ogystal â newid llaw rhwng plygion 2 a 3, y mae sawl rheswm yn peri credu mai dim ond ag un llyfr yn unig y mae a wnelom. Yn gyntaf, oherwydd y fformat dwy-golofnog a maint anarferol o fawr y dudalen ysgrifenedig sy'n gyffredin i'r ddwy ran, tua 220 x 160 mm (nid oes unrhyw lawysgrif Gymraeg gyfoes debyg). Yn ail, am na welaf le i wahaniaethu rhwng y ddwy law o ran dyddiad. Yn drydydd, am fod y ddwy law yn rhannu'r un ysbryd chwareus wrth addurno esgynyddion eu llythrennau yn y llinell uchaf. Ac yn bedwerydd, am fod englyn wedi ei ysgrifennu ar ymyl tudalen o waith llaw A (ff. 11, col. 29–30) gan law yr ymddengys mai llaw B ydyw.

Yr wyf wedi cynnig canllawiau palaeograffyddol ar gyfer dyddio llawysgrifau Cymraeg yn y cyfnod 1250–1350 (Huws 1981–2: 12–13; 1991: 7–8). Gan gyfeirio at y rhain, cynigiaf droad y ganrif o gwmpas 1300 yn ddyddiad i'r ddwy law yn Peniarth 7. O ran dyddio, gellir sylwi'n arbennig ar y ffurfiau canlynol:

1. Gan y ddwy law ceir y ddwy ffurf ar <a>, y naill â'r ddwy adran wedi eu llunio'n annibynnol, y llall (yr un a ddaeth yn arferol yn y bedwaredd ganrif ar ddeg) â'r ddwy yn rhannu un llinell fertigol ar y chwith.
2. Gan A ceir yr <s> derfynol hir (yr hen ffurf) yn gymysg â'r ffurf gron (a ddaeth yn nodweddiadol o'r bedwaredd ganrif ar ddeg) tra bo B yn glynu wrth y ffurf hir.
3. Prin y mae'r esgynnydd yn <t> yn croesi'r trawst gan A, ond gan B fe'i gwelir yn amlach.
4. Y mae <v> ar ddechrau gair wedi disodli <u> yn y ddwy law.
5. Y mae A a B ill dwy yn dal i ffurfio'r <w> â phedair strôc er bod ffurf A ar adegau yn ymddangos fel petai wedi ei ffurfio o dair yn unig (ffurf '113').
6. Y mae'r ddwy law yn defnyddio'r ffurf gron ar <r> ar ôl nifer o lythrennau ar wahân i <o>, ond heb wneud hynny'n gyson: ar ôl <b, d, p, v, w> ac <y>, a chan B ambell dro ar ôl <h> hefyd.
7. Y mae A, gan lynu wrth hen ffasiwn, yn defnyddio ambell <R> fawr yn lle'r ffurf *minuscule* yng nghanol gair neu ar ei ddiwedd.

O ran nodweddion nad ydynt yn arwyddocaol o ran dyddiad, gellir nodi:

1. bod A yn dotio <y> a B heb wneud hynny ond yn achlysurol (dyma nodwedd yr oedd Gwenogvryn Evans, yn gyfeiliornus, yn rhoi pwysau amseryddol mawr arni);
2. bod y ddwy yn defnyddio'r talfyriadau Lladinaidd yn helaeth, ar gyfer *-er*, *-et* neu *-ed* (yn cynrychioli /eð/), *-ur* ac *-us*;
3. a bod y ddwy yn rhoi pont ar <ll>: B yn gyson ac A yn achlysurol.

A derbyn mai un llyfr fu Peniarth 7 erioed, gwelwn ei fod o ran ei gynnwys yn gymysgwch o destunau, fel sy'n nodweddu'r cenedlaethau cyntaf a wnaeth lyfrau Cymraeg, cyn dechrau cyfnod y cynulliadau. Dyma, ochr yn ochr mewn un llyfr chwedl frodorol, chwedl Ffrengig a chwedlau crefyddol Lladinaidd. O chwilio am wneuthurwyr llyfr o'r fath, rhaid edrych i gyfeiriad tai'r

Sistersiaid, heb gymryd yn ganiataol mai eglwyswr oedd ei berchennog cyntaf.

Nid Peniarth 7 yw'r unig lawysgrif y gwelir ynddi law A: hon hefyd yw prif law Peniarth 21, llawysgrif sy'n cynnwys testun cynharaf y fersiwn o *Brut y Brenhinedd* a fedyddiwyd yn 'Fersiwn Peniarth 21'.[2] Golyga hyn fod gennym sail ehangach wrth geisio lleoli gweithgarwch llaw A Peniarth 7. Rhaid gwrthod, mi gredaf, yr awgrym blaenorol (Huws 1993: 19) mai'r un yw llaw A Peniarth 7 a llaw Peniarth 3ii.

Cyn troi at gwestiwn lleoliad, y mae un wedd arall ar Peniarth 7 yn hawlio sylw. Fel y rhan fwyaf o lawysgrifau Peniarth fe gafodd ei hailrwymo yn y Llyfrgell Genedlaethol. Yn yr hen rwymiad, wedi eu defnyddio'n ddail rhwymo, fe ddywedir, yr oedd tair dalen yn cynnwys darn (484 llinell) o destun unigryw y gerdd Ffrangeg *Bérinus*, cyfansoddiad o darddiad Eingl-Normanaidd o'r drydedd ganrif ar ddeg (Thomas 1922: 74–81, J. J. Jones 1939–40: 103–5).[3] Braf fyddai meddwl bod y tair dalen yn cynrychioli llyfr Ffrangeg a fu unwaith yng Nghymru, ond ni ellir bod yn sicr o hyn. Yn yr un rhwymiad fe ddefnyddiwyd hefyd writ dyddiedig 1564 yn ymwneud â swydd Suffolk (yn awr wedi ei bastio ar ddalen iv^{v}). Y tebyg yw bod y rhwymiad a ddatgymalwyd yn y Llyfrgell Genedlaethol (heb gadw'r hen gloriau) yn un a wnaethpwyd yn Llundain tua diwedd yr unfed ganrif ar bymtheg. Nid oes modd gwybod a oedd y tair dalen Ffrangeg yn perthyn i'r rhwymiad gwreiddiol ynteu'n ychwanegiad adeg yr ailrwymo rywdro ar ôl 1564. Nid oes sicrwydd hyd yn oed mai o rwymiad Peniarth 7 y daethant.[4]

Beth am dystiolaeth fewnol sy'n awgrymu lleoliad Peniarth 7? Yn dir cadarn, gellir nodi bod ynddi nodiadau yn llaw Simwnt Fychan (ff. 16^{r-v}, sef col. 50, 51) a nodyn yn ei enwi (ff. 43, sef col. 157). Â hyn â ni i'r Gogledd-ddwyrain. Ond ymhlith llu o ychwanegiadau ymyl y ddalen y mae llawer o dystiolaeth gynharach, o'r bymthegfed ganrif, a allai fod yn werthfawr o allu ei dehongli, gan gynnwys nifer o enwau heb fod ynddynt ddigon o elfennau i'w huniaethu gyda sicrwydd:

1. ff. 65: 'pan vu varw Rys ap Mad' oydran Iessu Grist M a CCCC a tair ar deg trugain' ['deg ar vgain' yw darlleniad Gwenogvryn Evans yn RMWL I: 317]. Hwyrach y bydd y dyddiad marw yn fodd i uniaethu'r

Rhys hwn ryw ddydd. Ac yn yr un llaw, 'William ap Mad' Vychan'.

2. ff. 47^{v}: 'David Vych[an]', ac ar ff. 55, 'Howel ap David Vychan' (mewn llaw a allai fod o'r bedwaredd ganrif ar ddeg).
3. ff. 30^{v}: 'Ieuan Goch bach poed yn grog y bo yno amen', gan law o'r bymthegfed ganrif.
4. ff. 65^{r-v} (col. 242–3): ychwanegwyd, gan law o'r bymthegfed ganrif, farddoniaeth ddidactig a barddoniaeth yn perthyn i *Chwedl Taliesin*.

O edrych ar dystiolaeth gyffelyb Peniarth 21, sef y llawysgrif sydd yn rhannu'r un llaw, fe welir:

1. arwydd ddigamsyniol o awgrymog: ar waelod ff. 38^{v}: ychwanegwyd, gan law gyfoes, arfbeisiau brenin Lloegr ('brenhin'), 'Iarll Caer' a 'Llywelyn'. Y mae hyn heb os yn ein cyfeirio at Wynedd. Gellid dadlau i'r ychwanegiad hwn – a'r llawysgrif hithau, a Pheniarth 7 o bosibl – gael ei wneud cyn 1282; ni ellid ymwrthod â'r posibilrwydd hwn ar sail balaeograffyddol.
2. Ar waelod ff. 38 ychwanegwyd – gan y brif law, fe ymddengys, ond mewn inc duach na'r prif destun – bwt o hengerdd a dadogir ar Gadwallon fab Cadfan (Thomas 1987).
3. Ar ff. 22 ceir nodyn mewn llaw o'r bymthegfed ganrif: 'barthe wyche a bye yr lewyr hwn'. Dyma nodyn gan rywun, y mae'n debyg, oedd yn fwy cyfarwydd ag orgraff y Saesneg nag eiddo'r Gymraeg: cymeraf mai 'bardd gwych a bie'r llyfr hwn' a fwriadwyd.

Y mae'r dystiolaeth hon i gyd, i'r graddau ei bod yn awgrymu unrhyw leoliad, yn pwyntio i gyfeiriad Gwynedd, gan gyd-fynd â chasgliad Peter Wynn Thomas (1993: 42) ar sail dadansoddiad o nodweddion tafodieithol mai llawysgrif ogleddol ydyw.

Peniarth 14ii (Hengwrt 13)

Cyfrol a grëwyd gan rwymwr ar ddiwedd y bedwaredd ganrif ar bymtheg pan gyfunwyd dwy lawysgrif yw Peniarth 14: Hengwrt

25 (Peniarth 14, tt.1–90) a Hengwrt 13 (Peniarth 14, tt.101–90), ac ychwanegu tt.91–100, yn ddail newyddion, rhwng y ddwy (RMWL I: 332–4). Nid oes lle i dybied bod unrhyw gysylltiad rhwng y ddwy cyn hynny, ar wahân i'r ffaith eu bod ill dwy yn llyfrgell Hengwrt.

Y mae Peniarth 14ii, tt.101–90, i gyd yn yr un llaw, un nad wyf wedi sylwi arni mewn unrhyw lawysgrif arall. Ar tt.180–90 y daw *Peredur*, yn dilyn cyfres o destunau eraill, rhai crefyddol yn bennaf: *Buchedd Margred, Mabinogi Iesu Grist, Proffwydoliaeth Myrddin* (ar y testun hwn, gw. Roberts 1978: 21–2), *Breuddwyd Pawl, Ystorya Judas* ac *Ystorya Addaf*. Y mae testun *Peredur* yn dilyn yr un blaenorol yn ddigon didaro, gyda'r pennawd di-nod *Ystoria Beredur*. Nid oedd ysgrifwr Peniarth 14ii yn un a boenai am gyflwyniad ei destun ar y dudalen. Y mae'r *Peredur* yn digwydd, felly, yn yr un modd ag yn Peniarth 7, yn uned annibynnol mewn stoc cyffelyb o ddeunydd storïol seciwlar a chrefyddol. Ac y mae'r ddwy lawysgrif yn tarddu yn ôl pob tebyg o'r un math o gefndir eglwysig.

Er bod diwedd Peniarth 14ii yn eisiau, y tebyg yw ei fod yn llyfr agos at fod yn gyflawn. Y mae iddo chwech o blygion a'r rheini'n dwyn arwyddion plyg ('.i.' yng nghanol gwaelod t.116, '.ii.' ar t.128, '.iii.' ar t.144 a '.v.' ar t.176). Am fod dalen olaf y chweched plyg (yn dilyn t.190) yn eisiau, y collwyd diwedd testun *Peredur*.

Yn hanner cyntaf y bedwaredd ganrif ar ddeg y gosodwn i'r llaw hon ('second quarter of the XIVth century' oedd barn Gwenogvryn Evans yn RMWL I: 332). Y mae'n agos at fod yn llaw ddwy-linell, hynny yw, llaw nad yw ei hesgynyddion a'i disgynyddion yn estyn yn fawr uwch nac is na'r minimau. Nodweddion ynddi sy'n edrych yn ôl i'r drydedd ganrif ar ddeg yw'r ffurf ar <a>, y duedd at ffurf hir yn hytrach na ffurf gron ar <s> ar ddiwedd geiriau, ac <u> lle y gellid disgwyl <v>. Y mae'r defnydd cyson o'r <r> gron ar ôl <b, d> a <p> yn nodweddiadol o'r bedwaredd ganrif ar ddeg, ac felly hefyd ffurf dair strôc ('113') y llythyren <w>. Nodwedd hen ffasiwn arall yw siâp tudalen y testun, yn agos at fod yn sgwâr (tua 140 x 110 mm). Y mae'r llaw yn un ddigon esgeulus. Gellir nodi ei bod yn dotio <ẏ> ac yn acennu <áá>.

Er bod Peniarth 14ii yn cynnwys nifer o nodiadau diweddarach a phrofion pin, nid ydynt mor niferus nac mor awgrymog â'r rhai yn Peniarth 7 ac nid oes yr un enw yn eu plith. Dim ond i un nodyn y mae arwyddocâd amlwg: ar t.134 ceir 'alio libro bressych' yn llaw Robert Vaughan; cyfeirio y mae hyn at Peniarth 14i, t.78, lle'r ysgrifennodd nodyn cyfatebol. Rhaid dibynnu felly ar nodweddion iaith ac orgraff a chydberthynas â llawysgrifau eraill am dystiolaeth lleoliad. Y mae nodweddion tafodieithol yn dangos mai llawysgrif ogleddol yw Peniarth 14ii (Thomas 1993: 37, 42).

Peniarth 4/5 (Llyfr Gwyn Rhydderch)

Erbyn hyn y mae amgylchiadau tebygol gwneuthur Llyfr Gwyn Rhydderch yn weddol eglur (RMWL I: 305–16, Huws 1991).[5] Y mae'r dystiolaeth yn gryf o blaid tybied iddo gael ei ysgrifennu tua chanol y bedwaredd ganrif ar ddeg ar gyfer Rhydderch ab Ieuan Llwyd o Langeitho, Ceredigion. Gwaith pump o ysgrifwyr medrus yw'r llyfr ac y mae pob rheswm i dybied eu bod yn gysylltiedig ag un ganolfan; Ancr Llanddewibrefi, a ysgrifennodd ei lyfr enwog yn 1346, oedd un ohonynt. Anodd cynnig unman oddieithr abaty Ystrad-fflur yn ganolfan cynhyrchu'r Llyfr Gwyn.

Hyd y gellir barnu ar sail y llawysgrifau sydd wedi goroesi, yn y Llyfr Gwyn y gwelir casglu ynghyd am y tro cyntaf gorff sylweddol o ryddiaith storïol Gymraeg. Erbyn llunio'r Llyfr Gwyn, felly, yr oedd cynhyrchu llyfrau Cymraeg wedi magu hyder a chynulliadau llenyddol yn dod yn boblogaidd. Tebyg mai gŵr ifanc ar flaen ffasiwn oedd Rhydderch ac mai ei ddymuniad oedd cael clasuron chwedlau Cymraeg mewn un gyfrol. O ganlyniad, dyma'r *Pedeir Keinc*, *Culhwch ac Olwen* a'r rhamantau eraill yn dod yn gymdogion oes i *Peredur*.

Coleg Iesu 111 (Llyfr Coch Hergest)

Disgrifiad Gwenogvryn Evans o hyd yw'r un mwyaf cyflawn sydd gennym o'r Llyfr Coch (RMWL II: 1–29).[6] Erys rhai pethau sylfaenol am wneuthuriad y llyfr sydd heb gael sylw eto, ond yng ngoleuni sylwadau a darganfyddiadau G. J. Williams (1948: 11–14, 147–8), Brynley F. Roberts (1968), Prys Morgan (1978),

Gifford Charles-Edwards (1980) a Christine James (1994) nid oes llawer o le i anghytuno ynglŷn â hanfodion y Llyfr Coch a'i hanes.

Ar gyfer Hopcyn ap Tomas o Ynysforgan yr ysgrifennwyd y Llyfr Coch, a hynny gan dri pherson, gyda Hywel Fychan ap Hywel Goch o Fuellt yn flaenaf yn eu plith. Gellir dyddio'r llawysgrif i rhwng 1382 a marw Hopcyn ap Tomas a oedd yn hen ŵr adeg rhyfel Owain Glyndŵr: tua 1400, felly. Fel yn achos Llyfr Gwyn Rhydderch, nid oedd ei debyg o'i flaen a gellir dyfalu mai amcanion Hopcyn a'i ysgrifwyr oedd casglu ynghyd mewn un gyfrol holl orchestion llenyddiaeth Gymraeg ac eithrio ambell ddosbarth, sef, yn benodol, y gyfraith, crefydd a chywyddau. Yng ngholofnau 655–97 y digwydd *Peredur*, ymhlith testunau eraill y daeth y byd i'w hadnabod wrth yr enw *Mabinogion*. Y mae'r rhain i gyd yn llaw Hywel Fychan, a'i destun ef oedd pont *Peredur* i'r oes fodern.

Diweddglo

Uchafbwynt yn nhraddodiad cofnodi llenyddiaeth Gymraeg oedd Llyfr Coch Hergest ac mae pedwar cofnodiad *Peredur* rhwng tua 1300 a thua 1400 yn caniatáu inni sylwi ar y modd y daeth chwedlau unigol yn aelodau o gynulliadau mawr yn y cyfnod hwn. Ar ôl y Llyfr Coch (efallai y byddai'n well gan yr hanesydd ddweud 'ar ôl rhyfel Glyndŵr'), dirywio a wnaeth cynhyrchu llyfrau yng Nghymru, a darfu am gopïo testunau *Peredur* a'i debyg.

Nodiadau

[1] Ceir disgrifiadau yn RMWL (I: 317–19) a Rejhon (1984: 10–11). Argraffwyd testun *Peredur* yn Evans (1907: 291–312), a'i adargraffu yn Evans (1973) a Goetinck (1976: 160–81).

[2] Gwneir y cysylltiad yn RMWL I: 347, ond y mae Gwenogvryn yma – trwy gamgymeriad, y mae'n debyg – yn cysylltu llaw Peniarth 21 â llaw ail ran Peniarth 7, sef llaw B.

[3] Cyhoeddwyd y testun gan Bossuat (1933: 195–217). Cedwir y dail gyda Pheniarth 7, yn rhydd mewn amlen.

[4] Nid yw maint y tair dalen yn cyfateb i faint Peniarth 7. Yn Peniarth 7, ff. 3, ceir rhestr gynnwys y llawysgrif a wnaethpwyd gan Gwenogvryn Evans yn Rhydychen yn 1888. Ychwanegodd ati y nodyn canlynol: 'Also three folios of an old French MS formerly used as covers to Hen. MS 370' (Peniarth 362 yw Hengwrt 370 bellach). Anodd iawn credu mai o'r llawysgrif hon y daeth y tair dalen; eto, y mae'r nodyn yn rhoi lle i dybied nad o Peniarth 7 y daethant.

[5] Argreffir testun *Peredur* yn Evans (1907) ac oddi yno yn Evans (1973) a Goetinck (1976).

[6] Argreffir testun *Peredur* yn Rhŷs ac Evans (1887).

CYDBERTHYNAS Y PEDAIR FERSIWN GANOLOESOL

Peter Wynn Thomas

Problem *Peredur*

Bu'r berthynas rhwng Llyfr Coch Hergest a Llyfr Gwyn Rhydderch – trysorfeydd rhyddiaith Gymraeg pwysicaf yr oesoedd canol – yn destun cyfaredd i sawl cenhedlaeth o ymchwilwyr.[1] Nid annisgwyl, felly, cael mwy nag un farn ynglŷn â chydberthynas y gwahanol fersiynau o Peredur:

- cynnyrch dau gopïwr (Weisgerber 1925: 79);
- 'digon hawdd profi mai copïo Peniarth 4 a wnaeth y sawl a ysgrifennodd Jesus 1[11]', yn enwedig o ddechrau colofn 145 y Llyfr Gwyn (HP 35.15) ymlaen (Goetinck 1976: xvi);
- mesur o orymylu rhwng y fersiynau, cynnyrch cyfuno ffynonellau yn P4 a J111, wrth i'r copïwyr-olygyddion ddethol darlleniadau amrywiol mewn gwahanol fannau (Bollard 1979).

Casgliad Goetinck yn y pen draw oedd i'r pedair fersiwn ganoloesol a oroesodd ddeillio (drwy gyfrwng nifer amhenodol o 'raddfeydd') o un ffynhonnell goll a allai fod yn nodiadau a luniwyd gan ryw gyfarwydd (Ffig. 2.1):

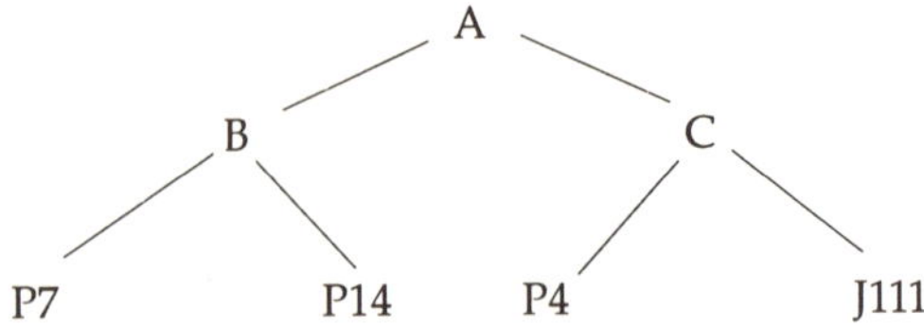

Ffigur 2.1: Y model hierarchaidd a ymhlygir gan ddadansoddiad Goetinck

Llawer cymhlethach yw'r model a ymhlygir gan ddadansoddi a dehongli Bollard (Ffig. 2.2):

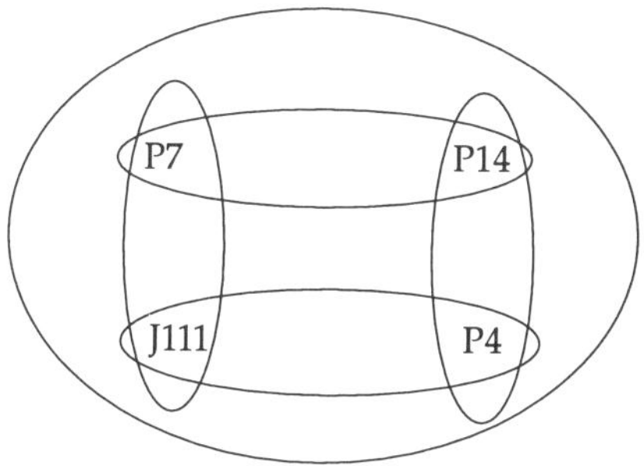

Ffigur 2.2: Y model gorymylaidd a ymhlygir gan ddadansoddiad Bollard

Adleisir astrusi (ond nid manylion) yr ail ddehongliad uchod gan ganlyniadau astudiaeth arweiniol ar amrywio ieithyddol yn y cyfnod canol: nid oedd model yr arolwg hwnnw yn ddigon grymus i ganiatáu dosbarthu fersiwn P4 yn foddhaol (Thomas 1993: 44–5).

Y model hierarchaidd

Wrth ystyried y pedair llawysgrif a cheisio cymodi casgliadau Goetinck a Bollard â'i gilydd rhaid dygymod ag un o ganlyniadau anochel anghyflawnder fersiynau Peniarth 7 (P7) a Pheniarth 14 (P14), sef mai dim ond ar gyfer rhan o'r testun y gellir cymharu'r pedair â'i gilydd. Er hynny, cadwyd digon o'r ddwy gynharaf inni ddirnad rhywfaint am eu perthynas â'i gilydd ac â'r ddwy gyflawn ddiweddarach. Y mae'r model hierarchaidd sy'n deillio o'r gymhariaeth, ac a ddisgrifir isod, yn amlygu pedair tuedd benodol:

1. y pedair fersiwn yn cytuno â'i gilydd;
2. cytuno rhwng dau bâr, sef P7 a P14, a P4 a J111;
3. P7 (yr hynaf) yn annibynnol ar y rhai diweddarach;
4. P14 yn annibynnol ar y tair arall.

Y pedair fersiwn yn cytuno â'i gilydd

Y mae yn y pedair fersiwn nifer o enghreifftiau o gytuno perffaith ar lefel y Cymal. Os bydd gwyro o'r norm, mân fydd hynny, fel yn nhuedd P4 i ddefnyddio *ry* perffeithiol; cf.

P7 pwy a vv yma wedy myvi (HP 160.10–11) (1)
P14 pwy a uu yma gwedy myui (HP 183.35–6)
P4 pwy a ryfu yma gwedy mifi (HP 11.10–11)
J111 p6y a uu yma g6edy mivi (RM 196.22)

P7 a vv ef gennyt ti (HP 160.12) (2)
P14 a uu ef gennyti (HP 184.1)
P4 a ryfu ef genhyt ti (HP 11.14)
J111 a vu ef gennyt ti (RM 196.24–5)

P7 na vv myn vyng kret hep hithev (HP 160.12–13) (3)
P14 na uu myn uyng kret hep hi (HP 184.1)
P4 na ryfu myn vyg cret heb hi (HP 11.15)
J111 na vu myn vyg cret heb hi (RM 196.25–6)

Y rhaniad rhwng P7 a P14, a P4 a J111

Os yw olyniadau fel (1)–(3) yn dangos bod perthynas agos iawn rhwng y pedair fersiwn, gall y testunau hefyd ymrannu'n ddau bâr – y P7 a'r P14 cynnar, a'r P4 a'r J111 diweddarach – awgrym bod dolen gyswllt gyffredin i P4 a J111 nas rhennid gan P7 a P14:

P14 a mynet ymeith (HP 183.34) (4)
P7 a mynet ymeith (HP 160.8)
P4 a chychwynu y ymdeith (HP 11.6)
J111 a chychwyn ymeith (RM 196.19)

P14 yrof a duw hep y kei (HP 184.28) (5)
P7 yrof i a duw eb y kei (HP 160.34–161.1)
P4 dioer was heb y kei (HP 13.6)
J111 dioer heb y kei (RM 198.2)

P14 a rodi bonclust a oruc kei yr korr (HP 184.31) (6)
P7 a rodi bonclust yr korr (HP 161.12)
P4 A rodi bonclust idaw (HP 13.11)
J111 A rodi bonclust ida6 (RM 198.6)

Annibyniaeth P7

Yn ogystal â chytuno â'r tair fersiwn arall, gall P7 fod yn wahanol iddynt. Pan ddigwydd hynny gall P4 a J111 gytuno'n nes â'i gilydd nag â P14; cf.

P7 yn vlodev milvyr a channwyll marchogoeon (HP 161.10–11) (7)
P14 yn arbennic milwyr ac yn ulodeu marchogyon (HP 184.30–1)
P4 yn arbennic milwyr a blodeu marchogyon (HP 13.10)
J111 yn arbennic milwyr a blodeu marchogyon (RM 198.5–6)

P7 a niuer mawr o vakwyeit a welei yn y gylch (HP 163.27–8) (8)
P14 a macwyueit yn amyl yn gylch (HP 187.6)
P4 a maccwyeit yn amyl yn y gylch (HP 18.29)
J111 a mack6yeit yn amyl yn y gylch (RM 202.12–13)

Un o negeseuon (7) ac (8) yw bod yr olyniadau hyn yn P4 a J111 yn perthyn i draddodiad a darddodd o eiddo P14. Atgyfnerthir y neges honno gan (9)–(11), sy'n tystio'n groywach i gamau datblygaethol yn y naratif wrth i'r testun symud i ffynhonnell i P4 a J111 cyn cael ei gopïo i'r llawysgrifau hynny:

P7 ac argannvot ol y march yn drws y bebyll (HP 160.9–10) (9)
P14 a gwelet ol y march yn y drws (HP 183.35)
P4 ac ol y march a welei (HP 11.9)
J111 ac ol y march a welei (RM 196.21)

P7 a chynn no dyuot peredur yr llys (HP 160.17) (10)
P14 a chyn y dyuot ef yr llys (HP 184.5)
P4 a chyn y dyfot ef y lys Arthur (HP 11.21)
J111 a chynn y dyuot ef y lys arthur (RM 197.1)

P7 beth a vynnut ti ac evo eb y kei (HP 160.33) (11)
P14 beth a uynnuti ac arthur hep y kei (HP 184.19–20)
P4 'Beth a uynny ti,' heb y Kei, 'ac Arthur?' (HP 12.18)
J111 beth a vynnut ti heb y kei ac arthur (RM 197.21–2)

Annibyniaeth P14

Er gwaethaf tystiolaeth gadarn (7)–(11) y mae rhai nodweddion yn P14 sy'n ei neilltuo oddi wrth y tair arall. Gall hyn fod oherwydd bod gan P14 elfennau gwahanol, er enghraifft:

P7 dyn ryued i ansawd eb hi (HP 160.11) (12)
P4 'Dyn enryfed y ansawd, arglwyd,' heb hi. (HP 11.12)
J111 dyn enryfed y ansa6d argl6yd heb hi (RM 196.22–3)
P14 dyn eres a uu yma hep hi (HP 183.36)

Ond y duedd arferol yw bod elfennau sy'n gyffredin i'r tair arall wedi eu hepgor gan P14. Gan hynny, ni all P14 fod yn ffynhonnell uniongyrchol i P4 na J111. Enghreifftiau yw:

P7 seff oed hwnnw syberw y llannerch (HP 160.9) (13)
J111 sef oedd h6nn6 syber6 y llannerch (RM 196.20–1)
P4 sef oedd hwnnw, Syberw Llannerch (HP 11.8)
P14 [ ]

P7 yn kaffel dewis dy ymdidanwr a dewis dy gyued (HP 161.9) (14)
P4 yn kael dewis dy ymdidanwr a dewis dy gyfed (HP 13.7–8)
J111 yn kael dewis dy ymdidan6r [ ] (RM 198.4)
P14 [ ]

P7 ac ymdidan a orugant (HP 163.30) (15)
P4 ac ymdidan a orugant (HP 19.2–3)
J111 ac ymdidan a orugant (RM 201.5)
P14 [ ]

Perthynas y Llyfrau Gwyn a Choch

Nodwedd nid annisgwyl ar bob fersiwn yw bod ynddi olyniadau unigryw sydd yn gynnyrch golygu ac amryfusedd wrth gopïo. Y mae i dair enghraifft o'r fath yn y Llyfr Coch ddiddordeb arbennig am na ddigwyddant o gwbl yn y fersiynau blaenorol. Am eu bod yn dod tua dechrau'r chwedl gellir cymharu dwy o'r rhain â'r hyn sydd yn y tair fersiwn gynharach.

Dangos sut y gall J111 fod yn annibynnol ar y lleill y mae'r enghraifft gyntaf:

P7 (HP 160.29–32)	P14 (HP 184.16–20)	P4 (HP 12.12–15)	J111 (RM 197.17–20) (16)
Ac ar hynny llyma peredur yn dyuot yr nevad ar gevyn keffyl brychwelw ysgyrnic a chyweirdeb go vvsgrell ydanaw.	Ac ar hynny nachaf peredur yn dyuot yr neuad ymewn ar y keffyl brychwelw ysgyrnic ac ar kyweirdep musgrell o wdyn	Ar hynny, llyma Peredur yn dyfot y'r neuad y mywn ar geffyl brychwelw yscyrnic a chyweirdeb muscrelleid aghyweir adanaw.	Ar hynny llyma peredur yn dyuot yr neuad ar geffyl brychwel6 ysgyrnic. A chyweirdabeu musgrell arna6.
			Ac yn anhyd6f yn llys kyfurd a honno.
Sef yd oedd gei yn seuyll ar lawr y neuad yn seuyll.	ac ys ef yd oed gei yn seuyll ar lawr y neuad.	A Chei oed yn sefyll ym perued llawr y neuad.	Sef yd oed gei yn seuyll ym perued y neuad.

Tystio i annibyniaeth J111 y mae'r ail enghraifft (17) hefyd, eithr at hynny y mae'r Cymal olaf ynddi yn amlygu'r un math o berthynas ag a welwyd gyda (12), sef bod P14 yn dewis elfen – y ferf <peit> 'paid' – sydd yn wahanol i'r hyn a geir yn y tair arall (sy'n dewis <ammadaw, ymadaw> 'rho heibio'):

P7 (HP 163.18–20)	P14 (186.33–4)	P4 (HP 18.11–13)	J111 (RM 201.24–8) (17)
Ath ewythyr vrawt dy uam di wyf. i.	ath ewythyr ditheu brawt dy uam wyfi	A'th ewythyr titheu, vrawt dy vam, wyf i,	Ath ewythyr ditheu vra6t dy vam 6yf ynneu.
A thi a drigy y gida a mi yr wythnos honn i dysgu ytt moes a mynvt		a chyt a mi y bydy y wers hon yn dyscu moes a mynut.	A chyt a mi y bydy y wers honn yn dyscu moes ac aruer y g6ladoed a'e mynutr6yd.
			Kyuartalr6yd ac adf6ynder ac unbenr6yd.
ac i ammadaw bellach ac ieith dy uam	a ffeit ti bellach a iaith dy uam	Ymadaw weithon a ieith dy vam	ac ymadaw weithon a ieith dy vam.

Y mae'r dystiolaeth a drafodwyd hyd yn hyn yn awgrymu'n gryf fod ffynhonnell gyffredin i'r Llyfrau Gwyn a Choch. Er hynny, heb wybod llawer mwy am dueddiadau golygyddol Hywel Fychan, a gopïodd fersiwn y Llyfr Coch, ni ellir bod yn sicr ai cynnyrch Hywel ai peidio yw'r elfennau unigryw yn (16) a (17): y mae'n bosibl hefyd i Law D (copïwr y rhan hon o'r Llyfr Gwyn) eu hepgor drwy amryfusedd. O ran eu hyd, fodd bynnag, gallai olyniadau unigryw (16) a (17) fod wedi llenwi llinell yr un, awgrym mai P4 sy'n arloesi yma drwy hepgor.

Gan fod testun P14 wedi darfod erbyn cyrraedd y drydedd enghraifft o olyniad unigryw yn J111 (18), ni ellir ei chymharu hi ond â'r adran gyfatebol yn P7; dengys hynny sut yr ail-saernïwyd y rhan hon o'r chwedl yng nghynsail y ddwy fersiwn ddiweddarach. Ond yr hyn sydd fwyaf hynod yma yw bod cymharu P4 a J111 â'i gilydd yn awgrymu darlleniad pellach, sef bod dechrau araith gan Beredur yn y Llyfr Gwyn a'i diwedd yn y Llyfr Coch:

P7 (HP166.7–10): Sef a wnaethbwt am hynny o vwyt a llynn i rodi rac bron peredur j erchi idaw ef kymryt a vynnei ohonaw. Nyt velly eb y peredur y gwneir am hynn o vwyt ay ranv ef hun yn orev am y medrod kystal i bawb ay gilid o hynny. (18)

P4 (HP 24.4–8)	J111 (RM 206.8–12)
a Pheredur a adnabu ar y vorwyn mynnu rodi idaw ef o'r bwyt a'r llyn mwy noc y arall. 'Tydi, vy chwaer,' heb ef, 'miui a ranaf y bwyt a'r llyn.' 'Nac ef, eneit,' heb hi.	A pheredur a adnabu ar y uor6yn mynnu rodi or b6yt ar llynn ida6 ef m6y noc y arall. Tydi vy chwaer heb y peredur. Myvi a rannaf y b6yt ar llynn. Nac ef eneit heb hi.
'Mefyl ar vy maryf,' heb ef, 'onyt ef.'	
	llyma vy ffyd mae mi ae rannaf.
Peredur a gymerth attaw y bara	Peredur a gymerth atta6 y bara.

Awgrym cyffredinol (1)–(15), a gymharwyd uchod yn y dull traddodiadol, yw bod i P4 a J111 gynsail cyffredin; yn y cyd-destun hwnnw nid yw (16)–(18) yn ddim ond gogleisiol. Y mae (19) a (20), fodd bynnag, yn brawf amlwg nad copi o P4 yw J111, o leiaf yn y mannau hyn: yma cawn J111 yn cadw datblygiad ar Gymalau y ceir cynsail iddynt yn P7 ond nid yn P4.

P7 (HP 165.21–5)	J111 (RM 205.9–14)	P4 (HP 22.26–30)	(19)
Ac yn diben y	Ac yn dibenn y coet	A phan daw y	
diffeith goet mawr		diben y coet,	
ef a weles kaer	ef a welei gaer ua6r.	ef a welei kaer vawr	
vawr ideoc	a thyreu kadarn	eidoawc a thyreu	
	amyl erni.	kadarn amyl arnei,	
a gwydweli hir	Ac yn agos yr porth	ac yn agos y'r porth	
dissathyr yn y	h6y oed y llysseu	hwy oed y llysseu	
chylch a thyrev	noc yn lle arall.	noc yn lle arall.	
amyl arnei			
ac yr porth y doeth	[ ]	[ ]	
ac ag arllost y waew	Ac arllost y wae6 ef	[	
hyrdu y porth	a ffusta6d y porth.	]	
ac yn y lle ynechaf	Ar hynny llyma	Ar hynny, llyma	
was melyngoch	was melyngoch	was melyngoch	
achul ar vw[l]ch	achul ar v6lch y	achul ar y bwlch	
vvch i ben	gaer	vch y pen.	

P7 (HP 176.7)	J111 (RM 223.5–6)	P4 (HP 45.21)	(20a)
Pa gampev yssyd	Py gampeu heb y	'Py gampeu [ ]	
arnei eb y peredur	peredur yssyd erni	yssyd erni hi?'	
	hi.		

P7 (HP 178.11–13)	J111 (RM 226.13–15)	P4 (HP 49.16–18)	(20b)
Nyt yr gwreicca y	Ny deuthum i yma	'Ny deuthum i yma	
dodwyf J yma eb y	yr g6reika heb y	yr gwreicca [ ], a	
peredur A ffei	peredur, A phei	phei mynhwn vn	
mynnwn i vn wreic	mynn6n unwreic ac	wreic, at atuyd	
mi a vynnwn	atuyd. awch | haer	awch whaer chwi a	
chwaer i chwi yn	ch6i a vynn6n yn	vynnwn yn gyntaf.'	
gyntaf	gynntaf,		

P7 (HP 179.19–20)	J111 (RM 228.9–10)	P4 (HP 51.29)	(20c)
mi a af eb y peredur	Arho6ch vi yma	'Arowch vi yma	
y ymlad ar pryf	heb y peredur mi	[ ], mi a af y	
	aaf y ymwelet ar	ymwelet a'r pryf.'	
	pryf.		

Crynhoi a chyfleu data (1)–(20)

Y mae Tabl 2.1 yn crynhoi'r deongliadau i ddata (1)–(20) drwy gynrychioli elfennau cyffredin â sumbolau cyfatebol. (Dychwelir isod at y rheswm am wahanu (19) ac (20).)

Tabl 2.1: Crynhoi data (1)–(20)

Data	P7	P14	P4	J111
(1)–(3)	●	●	●	●
(4)–(6)	■	■	□	□
(7)–(11)	◇?	◆	◆	◆
(13)–(15)	▲	Ø	▲	▲
(16)–(17)	Ø	Ø	Ø	▼
(19)	◄		Ø	◄
(20)	►		Ø	►

Y mae'r data hyn yn ymdrefnu'n hwylus i gyfleu perthynas hierarchaidd rhwng y pedair fersiwn. Pwysleisir mai stemâu wedi eu llunio ar sail y berthynas rhwng y fersiynau yw'r ddwy sy'n ymgynnig, ac nad yw'n dilyn mai'r un berthynas sydd rhwng y llawysgrifau: gallai nifer amhenodol o lawysgrifau coll bontio unrhyw bâr o fersiynau. Heb ddirnadaeth lawnach o arferion copïwr P7 ni ellir torri'r ddadl rhwng y ddwy stema (Ffigurau 2.3 a 2.4), ond un o nodweddion diddorol y ddwy yw bod safle'r llawysgrifau yn yr hierarchaeth yn gydnaws â'r drefn y mae dyddio Daniel Huws (1993, a'r gyfrol bresennol) yn ei hawgrymu ar gyfer eu cynhyrchu.

Galw am dair fersiwn goll (y gelwir A, B ac C arnynt) y mae'r stema gyntaf (Ffig. 2.3) ac fe'n harweinir ganddi i dderbyn bod cynsail i P7. Ond nid rhaid mai felly yr oedd: y mae'r ail stema bosibl (Ffig. 2.4) yn caniatáu rhoi P7 ar y brig heb orfod tybied bodolaeth fersiwn flaenorol.

Elfennau anghydnaws â'r model cyffredinol

Y mae bron y cyfan o'r enghreifftiau uchod yn arwyddo bod perthynas agos iawn rhwng fersiynau P4 a J111 fel nad anodd tybied bod iddynt ffynhonnell gyffredin. Er hynny, y mae rhai olyniadau'n awgrymu bod cymheirio gwahanol yn bosibl hefyd.

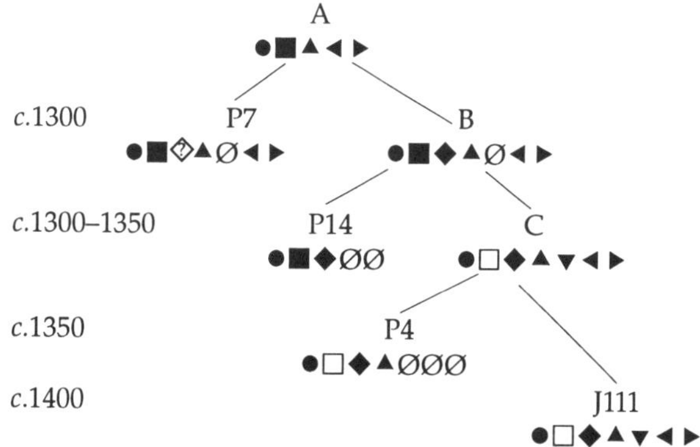

Ffigur 2.3: Stema bosibl

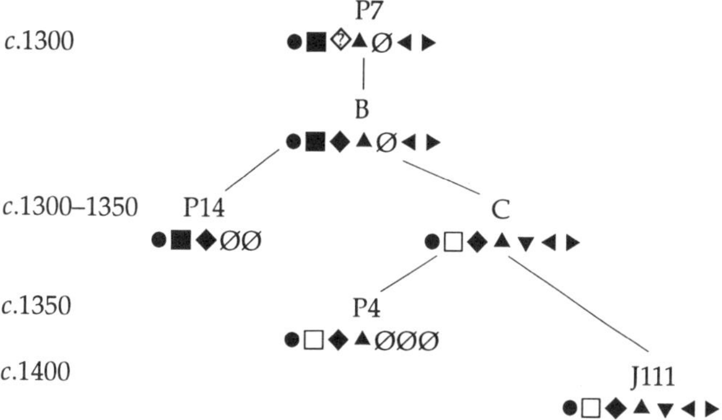

Ffigur 2.4: Ail stema bosibl

Casgliad Bollard (1979) wrth ystyried cyfatebiaethau o'r fath oedd bod mathau eraill o berthynas rhwng y fersiynau: un 'syml' (fy nherm i), a amlygir gan gymheirio P14 a P4 ar y naill law a P7 a J111 ar y llall, ac un 'gymhleth' (fy nherm i eto), pryd y ceir nid yn unig y cytuno nodweddiadol rhwng y pedair fersiwn neu rhwng (a) P4 a J111, a (b) P14 a P7, ond hefyd (c) y math 'syml' o orymylu.

Ymhlith yr enghreifftiau a gynigir o'r math 'syml' o gyf-atebiaethau annodweddiadol y mae:

P14 ry anghyweir y doethos (HP 184.21–2) (21)
P4 'ry aghyweir y doethost o varch ac arueu.' (HP 12.21–2)
P7 ry anghyweyr wyt o varch ac aruev. (HP 161.1)
J111 ry aghyweir yd wyt o uarch ac arueu. (RM 197.24–5)

O graffu, fel y gwnaeth Bollard, ar y berfau, anochel casglu bod yma ddidoli rhwng P14 a P4 (sy'n defnyddio *doethos(t)*) a P7 a J111 (sy'n dewis *wyt*). Ond dim ond un o'r elfennau amrywiol yw'r berfau: o ystyried y gystrawen cyfyd rhaniad arall, un disgwyliedig a nodweddiadol: P14, P4 a J111 sy'n Frawddegau Syml y blaenwyd y Dibeniad i'r Goddrych ynddynt, ond P7 sydd yn Frawddeg Gypladol. Cymorth wrth gloriannu'r pwysau cymharol i'w rhoi ar yr elfennau geirfaol a chystrawennol amrywiol yw ystyried cyd-destunau'r enghreifftiau. O wneud hynny fe welir pa mor annodweddiadol yw bod J111 yn ymdebygu i P7 yn y man hwn (Tabl 2.2). Yn hytrach (a heblaw am Gymal 9, sy'n absennol yn J111), â P4 y mae J111 yn cytuno ym mhob Cymal sy'n rhagflaenu ac yn dilyn yr enghraifft broblematig.[2]

Tabl 2.2: Cymharu deg Cymal yn P4, J111, a P7

	P4 (HP 12.16–22)	J111(RM 197.21–6)	P7 (HP 160.32–161.2)
1.	'mae Arthur?'	mae arthur.	manac ym y pa le y mae arthur.
2.	'Beth a uynny ti,' heb y Kei, 'ac Arthur?'	Beth a vynnut ti heb y kei ac arthur.	beth a vynnut ti ac evo, eb y kei
3.	'Vy mam a erchis im dyuot	Vy mam a erchis ymi dyuot	vy mam a erchis ym dyuot attaw
4.	y'm vrdaw yn varchawc urdawl at Arthur.'	ym urda6 yn varcha6c vrda6l att arthur.	ym vrdaw yn varchauc urdaul.
5.	'Myn vyg cret,' heb y Kei,	Myn vyg kret heb y kei	Yrof. i. a duw eb y kei
6.	'ry aghyweir y doethost o varch ac arueu.'	ry aghyweir yd wyt o uarch ac arueu.	ry anghyweyr wyt o varch ac aruev.
7.	Ac ar hynny y arganuot o'r teulu	Ac ar hynny y arganuot or teulu	ay dangos a oruc yr teulu.
8.			oy watwar
9.	a dechreu y dyfalu		ac oy [ ]d[ ]lu
10.	a bwrw llyscon idaw,	a b6r6 llyskyon ida6.	a bwrw llysgev idaw

Er na ellir dyfarnu'n derfynol am ddylanwad fersiwn P7 ar eiddo J111 yng Nghymal 6 uchod, y mae'r ymbatrymu cyffredinol a amlygir yn Nhabl 2.2 yn awgrymu'n gryf nad ar y lefel eirfaol y mae pwyso yma, eithr ar y gystrawennol. Os felly, nid yw P4 *doethost* yn hytrach na J111 *wyt* yn ddim ond enghraifft benodol o amrywio mwy cyffredinol, sef ymgyfnewid geirfaol, ffenomen y dychwelir ati isod.

Enghreifftir y math 'cymhleth' o gyfatebiaethau a welodd Bollard, sef gorymylu, gan yr olyniadau canlynol:

P14	goluwrch	P4	[g]orfl6ch	(22)
P7	golwrch o eur	J111	[g]orvlwch eur	

Yn nhermau gorymylu nodweddion y mae i (22) ddau newidyn perthnasol: cyfeirio amrywiol at y deunydd y gwnaethpwyd y cwpan ohono, a ffurf *gorflwch.*

Math sigledig o dystiolaeth wrth bennu cydberthynas testunau yw absenoldeb nodweddion mewn enghreifftiau fel hyn. Er hynny, y mae ffactor ogleisiol yn achos P4 yma: y mae <(g)orfl6ch> mewn safle gwan (hynny yw, safle a all gyflyru amryfusedd), sef ar ddiwedd colofn.

Nid rhaid bod presenoldeb <eur> ychwaith yn arwyddocaol iawn. Dim ond aur ac arian a fyddai'n ymgynnig yn y cyd-destun hwn ac nid annisgwyl cael mai aur a gafodd y flaenoriaeth wrth ddisgrifio gwrthrych yn llys Arthur. Hawdd, felly, fyddai i'r disgrifiad hwnnw godi'n annibynnol mewn mwy nag un testun.

Mwy dadlennol na'r elfen oleddfol yn (22) yw'r dystiolaeth graffoffonolegol: ar /gɔrvluχ/ – ffurf safonol y presennol ac, fe ddichon, y gorffennol hefyd – y seiliwyd sillafiad P4 a J111. Ffurfiau sy'n adlewyrchu datblygiadau llafar sydd yn y ddwy arall: P14 /golvurχ/ yn amlygu trawsosod, a P7 /golurχ/ yn awgrymu colli'r /v/, sef datblygiad llafar credadwy pellach ar yr un ffurf daleithiol.[3] O bwyso ar y dystiolaeth graffoffonolegol, felly, parau disgwyliedig a deongladwy o destunau sy'n ymddangos: P14 a P7 ar y naill law, a P4 a J111 ar y llaw arall.

Trydedd enghraifft o'r gorymylu cymhleth tybiedig rhwng y pedair fersiwn yw:

P7	ef a welei gwr gwynllwyt telediw yn eiste ar obennyd a thuded o bali amdanaw ac am y gwr gwisc o bali (HP 162.31–3)	(23)
P14	yd oed gwr gwynllwyt yn eisted ar obennyd o bali a gwisc o bali amdanaw (HP 186.12–13)	

P4 yd oed gwr gwynllwyt yn eisted ar obennyd o bali a gwisc o bali ymdanaw (HP 17.1–2)
J111 g6elei g6r g[w]ynllwyt telediw yn eisted ar obennyd o bali. a g6isc o bali ymdana6. (RM 200.25–7)

Y mae sawl elfen amrywiol yn cyfrannu at y gorymylu yn y fan hon:

Tabl 2.3: Yr elfennau amrywiol yn (23)

Elfen amrywiol	P7	J111	P14	P4
telediw	+	+	–	–
gwelei	+	+	–	–
yd oed	–	–	+	+

Nid oes gwadu'r berthynas rhwng P7 a J111 a rhwng P14 a P4 a grynhoir gan Dabl 2.3. Ond yn ogystal â gweld cyfuno ffynonellau yma gellir dehongli'r data hyn yn nhermau ffenomenâu trosglwyddo a chyfansoddi isorweddol cyffredinol: Ymgyfnewid Geirfaol a'r Ansoddair Nodweddiadol. Fel gyda *dyuot* a *bot* (Tabl 2.2), dyma enghraifft arall o ferf gyffredin – *gwelet* yn yr achos hwn – yn ymgyfnewid â *bot*. Ac yn yr un modd ag y gellid rhag-weld mai o *eur* y byddai'r gorflwch (22), *telediw* yw'r ansoddair nodweddiadol a gysylltir â'r gŵr gwynllwyd.

Mwy dadlennol na'r ffenomenâu trosglwyddo a chyfansoddi yw mai dim ond yn P7 y dywedir bod tudded o bali am y gobennydd: dim ond am y gŵr gwynllwyd y mae'r pali yn y fersiynau diweddarach.[4] Wrth drosglwyddo'r testun o fersiwn P7 i eiddo'r B ymhlygedig, felly, dichon i rywun naill ai hepgor llinell neu addasu'r gwreiddiol, proses a hybid gan y ddau gyfeiriad at y pali. Ond yr hyn sy'n bwysig o ran dadansoddi a dehongli arwyddocâd (23) yw bod yr un testun addasedig yn ymddangos yn P14, P4 a J111. Nid yr elfennau geirfaol, felly, yw'r newidynnau arwyddocaol yma; yn hytrach, y golygu bwriadol neu anfwriadol yw'r ddolen gyswllt.

Efallai mai'r enghraifft gymhlethaf ymhlith set Bollard yw (24), sy'n arddangos gorymylu rhwng sawl elfen:[5]

P14 arho hep y gwalchmei (HP 185.21) (24)
P7 beth a wnei di velly eb y gwalchmei (HP 162.2–3)
J111 Beth a wney di uelly heb owein (RM 199.15)
P4 'A unben,' heb yr Owein, 'aro.' (HP 15.8)

Crynhoir ymbatrymu elfennau amrywiol (24) gan Dabl 2.4:

Tabl 2.4: Rhai o'r elfennau amrywiol yn (24)

Elfen amrywiol	P14	P7	J111	P4
gwalchmei	+	+	–	–
beth a wnei di velly	–	+	+	–
owein	–	–	+	+
arho	+	–	–	+

Gan nad yw Tabl 2.4 yn ymgorffori unrhyw elfen feirniadol nid yw'n cyfleu mwy nag ymbatrymu'r data penodol hyn. Fel y gwelwyd uchod, fodd bynnag, y mae ystyried y prosesau a gyflyrodd lunio'r clymau o'r pwys mwyaf wrth ddehongli eu harwyddocâd. Enw'r sawl sy'n llefaru a gynrychiolir gan ddwy o'r nodweddion: Gwalchmai yn P7 a P14, Owain yn P4 a J111. Ôl llaw rhyw olygydd a welir yn y ddwy fersiwn ddiweddaraf eithr yng nghyd-destun y nodweddion a drafodwyd uchod nid oes dim afreolaidd yn hynny.

Anos rhoi cyfrif am yr amrywio rhwng y geiriau a leferir. Fodd bynnag, pan gofir am duedd ysgrifydd P14 i hepgor elfennau (cf. (13)–(15)), nid amhosibl mai 'arho. beth a wnei di velly' oedd geiriad ei gynsail ac i gopïwyr diweddarach ddigwydd dewis y naill neu'r llall o'r Cymalau hynny. Ond ymwneud â gwahanol raddau o debygolrwydd yr ydym yma ac o'r safbwynt hwnnw ymddengys i mi fod pwysau tystiolaeth Tabl 2.1 yn drech nag enghraifft broblematig o gyfatebiaeth annisgwyl.

Codi'r llen ymhellach ar y copïwyr

Ar sail detholiad o gymariaethau traddodiadol y lluniwyd Ffigurau 2.3 a 2.4, stemâu dynamig sy'n ymgorffori elfennau amrywiol. Rhydd tystiolaeth nifer o newidynnau meintiol inni olwg lawnach a manylach ar yr elfen ddynamig sy'n nodwedd mor hanfodol ar destunau'r cyfnod canol.

(-j-)

Newidyn taleithiol yw (-j-), sy'n crynhoi'r amrywio mewn set o eitemau a all gynnwys /j/ neu beidio. Y mae'n nodweddiadol i'r

/j/ hon fod yn bresennol mewn ardaloedd gogleddol ond nid mewn rhai deheuol, a hynny naill ai yn elfen fôn-ffurfiol mewn geiriau fel /klistje/ ~ /kliste/ 'clustiau', neu o flaen llafariad sillaf olaf morffemau lluosill syml fel /kəinjog/ ~ /kəinog/ 'ceiniog'. Arwydd nad oedd stigma'r cyfnod diweddar, sy'n ystyried mai ansafonol yw'r ffurfiau di-/j/, wedi datblygu yn y cyfnod canol, yw ei bod yn gyffredin i gopïwyr y llawysgrifau arddel eu ffurfiau taleithiol.

Y mae testunau P7 a P14 yn cynnig 12 aelod o set (-j-) y gellir cymharu eu ffurfiau ag eiddo P4 a J111 (Tabl 2.5).

Tabl 2.5: Dangosynnau (-j-) yn y pedwar testun[6]

P7	P14	P4	J111
<anyveilieit>		<anifeileit>	<aniueileit>
<barwnyeit>		<barwneit>	<barwneit>
<keissiaw> 5			
<keissiav>		<keissaw> 7	<keissaw> 9
<kyweirier>		<kyweirher>	<kyweirer>
<diffeithiaw>		<diffeithaw> 3	<diffeithaw> 3
<dryllyev>		<drylleu> 2	<dryllyeu>
<geiriev> 3	<geirieu>	<geireu> 4	<geireu> 4
	<golwythyon>	<golwython>	<golwython>
<gweission> 10	<gweision> 3	<gweisson> 15	<gweisson> 13
<gweissyon> 2	<gweission>		
<gweision>			
<gwylltyaw>		<gwylltaw>	
<meibion> 2		<meibon> 3	<meibon> 3
<meibyon>			
<ymgeissiaw>	<ymgeissiaw>	<ymgeissaw>	<ymgeissaw>

Y mae Tabl 2.5 yn amlygu rhaniad clir rhwng P7 a P14 gyda'u ffurfiau /j/ gogleddol, a P4 a J111, sy'n cynnwys y ffurfiau di-/j/ deheuol cyfatebol. Dim ond un ffurf eithriadol sydd: J111 <dryllyeu>, sy'n digwydd tua dechrau'r testun (yn RM 202.24).

(-th-)

Ail newidyn ac iddo amrywion deheuol a gogleddol pendant yw (-th-), sy'n crynhoi amrywiol ffurfiau trydydd person *gan*[7] a *rhwng*[8] yn nhermau'r ffurfiau gogleddol (Thomas 1993). Ymbatrymu'r nodwedd yn ein pedwar testun ni yw:

Tabl 2.6: (-th-) yn y pedwar testun

Testun	**% <th>**	**N**
P7	100	9
P14	100	4
P4	74	27
J111	8	25

Y mae Tabl 2.6 yn amlygu tri thestun pegynol: P7 a P14, nad oes ynddynt ddim ond (-th-)-<th>, a J111, sydd â <t> ym mhob enghraifft ond dwy. P4, gyda'i 74 y cant, sy'n eithriadol.[9] Yn ôl y maen prawf hwn, felly, y mae testunau P7 a P14 yn gwbl ogleddol ac eiddo'r Llyfr Coch bron yn gwbl ddeheuol, casgliadau sy'n cyd-fynd ag eiddo (-j-). Ar gyfer y Llyfr Gwyn, fodd bynnag, y mae gwrthdaro rhwng tystiolaeth ddeheuol (-j-) a gogleddol (-th-).

Nid neges y ganran yn unig sy'n bwysig wrth ystyried (-th-): y mae dosbarthiad y ffurfiau yn y testun hefyd yn arwyddocaol. Ystyrier (25) drosodd, sy'n cofnodi amrywion cyfatebol y Llyfrau Gwyn a Choch gan ddynodi cytundeb taleithiol â llythrennau trwm. O ran J111 (Y Llyfr Coch), fe welir mai tua'r diwedd y cyfyd yr unig ddwy enghraifft ogleddol. Yr esboniad tebycaf am hynny yw bod y testun wedi ei gopïo gan ryw addaswr a oedd rywfaint yn llai gofalus tua diwedd ei dasg nag ar ei dechrau. O gofio am y darlun sy'n dechrau ymddangos o arferion copïo Hywel Fychan (Thomas 1993, 1997), ymddengys yn annhebygol mai ef oedd yr addaswr ieithyddol. Os felly, dichon mai cynhyrchydd ei gynsail a fu'n gyfrifol am y trosi taleithiol. Y mae dau bosibilrwydd:

1. gogleddwr gofalus a oedd yn copïo testun deheuol yn gydwybodol tua'r dechrau ond yn ysgrifennu ambell un o'i ffurfiau taleithiol ei hun wrth ymlacio ac efallai brysuro tua'r diwedd;
2. deheuwr a oedd yn addasu testun gogleddol drwy droi (-th-)-<th> yn <t> yn sustematig ond gan fethu ddwywaith tua'r diwedd.

Mae sawl ffactor o blaid ffafrio'r ail bosibilrwydd:

1. mae P7 a P14 yn gwbl ogleddol;
2. mae Ffigurau 2.3 a 2.4 yn awgrymu i'r testun newid a datblygu o'r fersiwn hynaf (P7) i'r ddwy ddiweddaraf (P4 a J111);

3. mae (-j-) bron yn gwbl ddeheuol yn J111;
4. ymddengys mai copïwr a barchai nodweddion taleithiol ei gynseiliau oedd Hywel Fychan.

Y LLYFR GWYN		Y LLYFR COCH		(25)
Cyf.	Ffurf	Cyf.	Ffurf	
12.8	ganthunt	197.14	gantunt	
12.24	ganthunt		—	
13.28	ganthaw	198.16	gantaw	
	—	200.7	y ryngtunt	
16.23	ganthunt	200.19	gantunt	
19.6	ganthunt		—	
20.5	ganthunt	203.8	gantunt	
20.15	y rygthunt	203.14	y ryngtunt	
20.19	ganthunt		—	
22.12	ganthaw		—	
23.16	ganthaw	205.25	gantaw	
24.19	ganthaw	206.19	gantaw	
	—	207.17	gantaw	
27.2	ganthunt		—	
	—	210.11	gantaunt [sic]	
31.25	ganthaw	212.8	gantaw	
33.14	**gantaw**	**213.18**	**gantaw**	
38.3	ganthunt	217.7	gantunt	
39.20	**gantaw**	**218.12**	**gantaw**	
39.28	**gantaw**	**218.18**	**gantaw**	
44.27	ganthaw	222.16	gantaw	
48.11	ganthaw	225.14	gantaw	
52.19	ganthaw	228.26	gantaw	
55.5	rygthunt	231.1	yrygtunt	
59.15	ganthaw	234.19	gantaw	
63.17	**gantaw**	**237.25**	**gantaw**	
64.20	rydunt	238.20	rygtunt	
66.4	**genthi**	**239.23**	**genthi**	
68.26	**rygthi**	**241.26**	**rygthi**	
69.13	**gantaw**	**242.10**	**gantaw**	

Daw tro ar fyd i (-th-) yn P4 hefyd, ond gryn dipyn ynghynt na'r newid yn J111. Hyd at HP 31.25, cwbl ogleddol yw'r amrywion; ond o hynny ymlaen y mae'r testun hwn yntau'n arddangos nodweddion deheuol. Gyda'r newid taleithiol ceir hefyd awgrym o gytundeb ffurfiau rhwng P4 a J111, gyda thri o'r pedwar dangosyn nesaf yn ddeheuol yn y naill destun a'r llall. Ond dim ond tua'r diwedd y ceir mesur amlwg o debygrwydd: o HP 63.17 ymlaen, y mae pedair o'r pum ffurf olaf yn y naill destun a'r llall yn cytuno â'i gilydd. Y mae Tabl 2.7 yn crynhoi ymbatrymu cyffredinol y tair adran hyn.

Tabl 2.7: Ymbatrymu (-th-) yn nhestunau'r Llyfrau Gwyn a Choch

	Y Llyfr Gwyn		**Y Llyfr Coch**	
Adran (HP)	**%**	**N**	**%**	**N**
12.8–31.25	100.0	13	0.0	11
33.14–59.15	67.7	9	0.0	9
63.17–69.13	40.0	5	40.0	5

D(AE)TH

Yn y cyfnod canol gallai bôn Gorffennol *dyuot* 'dod' gynnwys naill ai <oe> neu <eu>:[10]

	Cyfres <eu>	**Cyfres <oe>**
U1	deuthum	doethum
2	deuthost	doethost
3	deuth	doeth
Ll1	deutham	doetham
2	[Nis nodwyd]	doethawch
3	deuthant	doethant
Amhers	deuthpwyt	doethpwyt

Yr amrywio rhwng <oe> ac <eu> yn y ffurfiau hyn a grynhoir gan D(AE)TH. Gwaddol y ddwy gyfres yw'r /do:θ/ 'daeth' mewn tafodieithoedd gogleddol cyfredol y cynrychiolid ei chynsail gan CC <doeth>, a /da:θ/, y ffurf ddeheuol gyfatebol, sy'n cynrychioli'r ffurf a gyfleid gan CC <deuth>.[11] Ni wyddys, wrth gwrs, beth oedd dosbarthiad daearyddol y ffurfiau hyn mewn cyfnodau cynharach, eithr y mae'r ffurfiau tafodieithol presennol yn awgrymu nad afresymol bras gysylltu D(AE)TH-<oe> â'r Gogledd a D(AE)TH-<eu> â'r De. Ond ni waeth am yr union gysylltiadau daearyddol, o ran y pedwar testun dan sylw, dewis y naill ffurf neu'r llall sy'n arwyddocaol. O gyfleu'r ymbatrymu yn nhermau digwyddiad D(AE)TH-<oe>, fe amlygir cryn wahaniaethau rhyngddynt:

Testun	%	**N**
P7	100	55
P14	100	12
P4	65	103
J111	45	103

Dim ond ffurfiau <oe> sydd yn P7 a P14, arwydd bod i'r ddau destun cynnar hyn gefndir digon gwahanol – gogleddol yn ôl pob golwg – i eiddo'r ddau ddiweddarach sydd, ar yr wyneb, yn frith. O archwilio testunau P4 a J111 yn fanylach, fodd bynnag, fe geir bod y canrannau cynhwysfawr yn cuddio amrywio mewnol tra arwyddocaol. Er enghraifft, y mae ymbatrymu'r nodwedd ar ddechrau testunau P4 a J111 yn wahanol iawn i'r hyn sydd ar eu diwedd.

O restru holl ddangosynnau D(AE)TH yn P4 (Atodiad A), daw'n eglur bod gennym floc sylweddol o enghreifftiau o <oe> ar y dechrau, rhediad sy'n dod i ben yn HP 31.27, sef, i bob diben ymarferol, yn yr un man ag y gwelwyd y newid yn ymbatrymu (-th-). Y mae'r newid o'r pwynt hwn ymlaen yn drawiadol, gyda mynychder y ffurfiau <oe> yn disgyn o 94 y cant pendant i ryw 48 y cant digyfeiriad:

Adran (HP)	**% (-oe-)**	**N**
7.28–31.27	94.44	36
32.3–70.1	47.76	67

Nid annisgwyl oedd canfod cymhlethdodau yn nhestun y Llyfr Coch o *Peredur*: fel y nodwyd eisoes bu hynny'n benbleth i sawl ymchwilydd. Ond neges y ffigurau uchod yw bod cymhlethdod yn hanes fersiwn y Llyfr Gwyn hithau, wrth i ryw newidyn allanol effeithio ar sylweddolion D(AE)TH, a hynny yn ddigon agos i'r pwynt y nododd Goetinck ei fod yn arwyddo dechrau'r adran y gallai'r Llyfr Coch fod wedi ei chopïo o'r Gwyn. Ac nid dyna'r unig ddirgelwch. Pan rennir testun J111 yn unol â'r newid yn ymbatrymu (-th-) a D(AE)TH yn y Llyfr Gwyn y mae amlygrwydd D(AE)TH-<oe> yn codi, ond nid pellach na 50 y cant, adlais clir o'r diffyg cyfeiriad a'r cystadlu rhwng y ddau amrywyn sydd yn P4:

Adran (HP)	**% (-oe-)**	**N**
7.28–31.27	34.29	35
32.3–70.1	50.00	66

Am nad ydynt yn crynhoi mwy na chrynswth unrhyw amrywio, neges gyffredinol iawn a gyfleir gan y canrannau uchod. O gymharu amrywion D(AE)TH yn P4 a J111 â'i gilydd fesul pâr cyfatebol, fodd bynnag, fe geir bod i frithni D(AE)TH yn yr ail ran i P4 a J111 arwyddocâd arbennig iawn:

Adran (HP)	**% Cytundeb**	**N**
7.28–31.27	42.86	28
32.3–70.1	83.33	66

Hyd at HP 31.27, felly, perthynas wan sydd rhwng amrywion D(AE)TH yn P4 a J111, sefyllfa a allai'n hawdd fod wedi codi ar hap. Ond o HP 32.3 ymlaen y mae'r gyfatebiaeth rhwng yr amrywion mor gryf fel mai anodd iawn credu nad oes cysylltiad arwyddocaol rhwng y ddwy lawysgrif. Ategir y neges hon gan dystiolaeth yr enghreifftiau hynny sy'n cynnwys un o amrywion D(AE)TH yn y naill lawysgrif ond nid yn y llall. Hyd at HP 31.27 y mae cynifer â 14 (32.56 y cant) o'r 43 enghraifft bosibl o D(AE)TH heb eu hadleisio; cymharer, er enghraifft:

1. ry aghyweir y *doethost* o varch ac arueu (HP 12.21–2) (26)
   ry aghyweir yd *wyt* o uarch ac arueu (RM 197.24–5)
2. A phan *daw* yd oed y marchawc yn marchogaeth y varch yn y weirglawd yn vawr y ryfyc o'e allu a'e dewred (HP 14.3–4)
   A phan *deuth* yd oed y marcha6c yn marchogaeth yn ryuygus oe allel ae dewred oe tebygolyaeth ef. (RM 198.19–20)
3. A phan wyl pawb o'r teulu y march yn dyuot heb y gwr arnaw, y *doethant* ar vrys parth a'r lle y bu y gyfranc. (HP 31.25–7)
   A phan welsant y teulu y march yn dyuot heb y g6r arna6. y *kych6ynnassant* ar vrys. parth ar lle y buassei y granc. (RM 212.9–11)

O HP 32.3 ymlaen, fodd bynnag, nid oes ond un enghraifft o D(AE)TH yn P4 heb ei hadleisio yn J111, a hynny am na cheir y

Cymal yn y Llyfr Coch: 'Etlym a deuth traygefyn at Peredur' (HP 51.17; cf. RM 227.29).

Hyd at HP 31.27, felly, fe fu cryn addasu i D(AE)TH yn y naill fersiwn neu'r llall neu'r ddwy. Ond o HP 32.3 ymlaen ataliwyd yn ddramatig ar y newid hwnnw.

cychwynn(u)

Yn y cyfnod canol gallai'r berfenw diweddar *cychwyn* fod yn ddiderfyniad neu gynnwys yr ôl-ddodiad berfenwol <u>; yr amrywio hwnnw a grynhoir gan *cychwynn(u)*. Nid yw arwyddocâd y newid hwn yn eglur eithr o gofio (a) mai diderfyniad yw'r berfenw mewn mathau gogleddol cyfredol, a (b) bod ôl-ddodiad yn y ffurf ddeheuol gyfatebol, sef /kunni/ (sy'n cynrychioli gwaddol y ffurf amrywiol a gyfleid gan <kywhynnu, kywynnu>), dichon mai amrywiadau taleithiol cyffelyb oedd <kychwyn> a <kychwyn[n]u>.

O ystyried testunau P4 a J111 ar wahân i'w gilydd gall ymddangos mai ar hap y dewisir <kychwyn> neu <kychwyn[n]u> ynddynt: dengys y canrannau o ddigwyddiad *cychwynn(u)-ø* (sef P4 47 y cant a J111 53 y cant) nad yw'r naill destun na'r llall yn ffafrio amrywyn penodol. Er hynny, o gymharu dosbarthiad ffurfiau'r ddwy fersiwn â'i gilydd fesul pâr, fe amlygir perthynas drawiadol rhyngddynt. Sylwer ar y rhestrau gyferbyn, sy'n dynodi'r enghreifftiau o gytuno ffurfiol â llythrennau trwm.[12] Fel y gwelir, hyd at P4 HP 30.17, nid oes ond dwy enghraifft o gyfateb rhwng ffurfiau P4 a J111. Ond o P4 HP 34.28 ymlaen y mae'r gyfatebiaeth yn berffaith. Y mae'n drawiadol hefyd fod y rhaniad hwn yn agos iawn i'r ffin a amlygwyd gan (-th-) a D(AE)TH, ac felly'n cadarnhau'r awgrym a gafwyd eisoes o newid yn y berthynas rhwng y ddwy fersiwn o oddeutu HP 31.27 ymlaen.

(p(a))

Dengys olyniadau (1)–(15) fod perthynas agos iawn rhwng geiriau fersiynau'r Llyfrau Gwyn a Choch ar ddechrau'r testun. Ochr yn ochr â hynny y mae (-th-), D(AE)TH a *cychwynn(u)* yn amlygu rhaniadau pendant yn y naill fersiwn a'r llall. Fe'n hanogir, felly, i ailystyried natur yr amrywio yn union eiriau'r testunau hefyd. Gwelwyd eisoes, yn wir, fod nifer o fân amrywiadau rhwng y ddwy fersiwn, fel tuedd P4 i ddefnyddio

P4		J111	
Cyf.	Fffurf	Cyf.	Ffurf
9.20	**kychwyn**	**195.12**	**kychwyn**
9.22	*k*ychwyn	195.14	*k*ychwynnu
10.4	*k*ychwynu	195.26	kychwyn
11.6	*k*ychwynu	196.19	*k*ychwyn
18.23	**kychwyn**	**202.7**	**kychwyn**
20.23	kychwyn	203.20	[*k*ychwynnwys]
	—	206.25	kychwynnv
28.11	kychwynnu	209.15	kychwyn
30.14	kychwynnu	211.5	kychwyn
30.17	*k*ychwyn	211.7	kychwynnu
34.28	**kychwyn**	**214.21**	**kychwyn**
50.29	**kychwynnu**	**227.18**	**kychwynnu**
57.2	**kychwynnu**	**232.21**	**kychwynnu**
58.5	**kychwynu**	**233.18**	**kychwynnu**
60.4	***k*ychwynu**	**235.3**	***k*ychwynnv**
61.11	**kychwyn**	**236.2**	**kychwyn**

ry perffeithiol (1)–(3), cynnwys *gwas* yn *dioer was* (4) yn P4 ond nid yn J111, ac ymgorffori Cymal ac Ymadroddion yn J111 nas ceir yn P4 (16)–(20). Gellid ychwanegu at y gymhariaeth o olyniadau tebyg ond byddai hynny'n gorestyn y bennod hon. Y mae tystiolaeth (*p(a)*), fodd bynnag, yn cyfleu argraff gyffredinol o natur y mân amrywiadau.

Yr oedd i *pa* y cyfnod diweddar ddwy ffurf ysgrifenedig amrywiol yn y cyfnod canol – <pa> a <py> – a adlewyrchai'r amrywio llafar rhwng /pa/ a /pə/ (Thomas 1997: 78–9). Yn ogystal â'r llafariad amrywiol, yr oedd *pa* ei hun yn amrywiol oherwydd gellid ei ddewis neu beidio mewn rhai cyd-destunau (Evans 1970: 75–6).

Y mae bwlch pendant – ond damweiniol, bid siŵr – yn nosbarthiad yr enghreifftiau o (*p(a)*) yn y testun: 13 o'r dechrau hyd at HP 31.5–6, a 12 arall rhwng HP 43.11 a 68.2. Gan nad yw'r nodwedd yn berthnasol i'r bwlch rhwng HP 31 a 43 ni ellir tynnu ar y ddwy gyfres hyn i fireinio'r diffiniad o'r rhaniad testunol a amlygir gan (-th-), D(AE)TH, a *cychwynn(u)*. Er hynny, gogleisiol cael bod diwedd y rhediad cyntaf yn agos iawn i'r rhaniad a amlygwyd gan y ddau newidyn arall, ac nid amherthnasol bod y ddwy gyfres o enghreifftiau o (*p(a)*) hefyd yn arddangos ymbatrymu digon gwahanol.

Yr enghreifftiau hyd at HP 31.5–6 yw:

(27)

P4 (HP)		J111	
9.1	a pheth a uynnit	194.28	a pha beth a vynnynt
10.21	yn y gwelwn	196.11	pa le bynnac y g6el6n
15.4	**py gyfranc a deryw idaw**	**199.12**	**py gyfranc y6 yr eida6 ef**
15.19	py la bynhac y bwyf	199.24	pa le bynnac y b6yfi
15.29	'py le pan deuy ti?'	200.1	Pa le pan deuy di
21.2	'py diaspedein yssyd arnat ti?'	203.26	pa diaspedein yssyd arnat
21.26	**py le pan deuei**	**204.16**	**py le pan doei**
25.3	py wylaw yssyd arnat ti?	206.30	Pa ystyr yd wyt yn wyla6.
26.3	A chwedleu genhyt?	207.27	a pha ryw chwedleu yssyd gennyt
27.9	**'Pa vn wyt titheu?'**	**208.23**	**Pa vn 6yt titheu**
28.7	'pwy wyt titheu?'	209.13	pa vn 6yt titheu.
28.15	'Pan deuy titheu . . .?'	209.18	pa le pan deuy di
31.5–6	'y wybot pwy yw.'	211.23	y wybot pa vn y6.

O'r 13 enghraifft uchod, dim ond mewn 3 (23.08 y cant) y ceir cytundeb o ran (*p(a)*). Amrywiadau yn union eiriad rhai o'r dyfyniadau sy'n llywio peth o'r anghytuno rhwng y fersiynau ond y canlyniad yw mai dim ond yn y Llyfr Coch y ceir *pa* yn yr holl enghreifftiau ac mai dim ond 7 sydd gan y Llyfr Gwyn. Gwahaniaeth mwy trawiadol, efallai, yw'r elfen lafarog: P4 yn ffafrio <py>, ond J111 yn pleidio <pa>:

Testun	**% <pa>**	**N**
P4	14.29	7
J111	84.62	13

O HP 43.11 ymlaen y mae'r ymbatrymu'n newid, a J111 hefyd yn ffafrio <py>:

Testun	**% <pa>**	**N**
P4	0.00	12
J111	33.33	12

Yn (28) fe dduwyd yr enghreifftiau o gytuno yn ffurf *p(a)* o HP 43.11 ymlaen. Y canlyniad yw amlygu hefyd gyfresi o flociau o <py> yn J111 (ond nid yn P4, nad yw'n arddel <pa> o gwbl).[13]

	P4 (HP)		J111 (28)
43.11	py gyfryw wr	221.12	pa gyfry6 6r
45.13	**py gybellet**	**222.29**	**py gy bellet**
45.16	**py gybellet**	**223.1**	**py gy bellet**
45.21	**py gampeu**	**223.5**	**py gampeu**
47.22	'A phy le y keisswn i tydi?'	224.27	A pha le y keiss6n i dydi.
48.18	py le yd aei	225.20	pa le yd aei
53.2	**py achaws**	**229.6**	**py achaws**
55.9	**py le yd eistedei ef**	**231.5**	**py le yd eistedei ef**
61.24	'A phy dyd yw hediw?'	236.12	A pha dyd y6 hedi6
63.26	**py achaws**	**238.3**	**py achaws**
64.14	**py gynhwrw**	**238.16**	**py gynnwryf**
68.2	**py ryw ormes**	**241.6**	**py ryw ormes**

Gallai'r blociau o <pa> a <py> yn y rhan hon o J111 adlewyrchu cyfnodau yn yr ysgrifennu wrth i ryw ysgrifydd ganolbwyntio'n amrywiol ar ei dasg. Er hynny, y mae 8 o'r 12 pâr o enghreifftiau o *p(a)* – sef 75 y cant – yn (28) yn cytuno â'i gilydd, o'u cymharu â 23 y cant yn (27).

Nid ymdebygu *p(a)* J111 i P4 o HP 43.11 ymlaen yw unig ddiddordeb (28) o'i gymharu â (27): y mae'r elfennau cyd-destunol hefyd yn bwysig. Yn wahanol iawn i (27), dim ond un enghraifft o amrywio pellach sydd yn (28): rhwng P4 <kynhwrw> (a seiliwyd ar ffurf lafar anffurfiol) a J111 <kynnwryf> (sydd nid yn unig yn fwy ffurfiol ond efallai hefyd yn adlewyrchu ffurf anffurfiol rhyw ardal arall).

(-odd)

Newidyn cymhleth yw (-odd): newidiodd aelodaeth ei set dros amser ac yn ystod y cyfnod hwnnw y mae'n sicr y byddai hefyd yn amrywio'n ddaearyddol ac yn gymdeithasol. Gan fod angen astudiaeth hanesyddol gynhwysfawr o holl ffurfiau Gorffennol U3 yr iaith cyn deall ychydig ar natur yr amrywio hwnnw, fe ddiffinnir y set yn negyddol yma: yr holl ffurfiau Gorffennol U3 nad ydynt yn afreolaidd ac nad oes ganddynt fonau yn <o, oe, a> nac <aw>.[14] Gedy hyn set o ffurfiau y mae'n ddamcaniaethol bosibl iddynt gynnwys <-wys, -ws> neu <-awd, -od>. Mesur yr amrywio hwnnw y mae (-odd).

Dim ond testun P14 sy'n ddiamrywio, ffactor a allai fod wedi ei chyflyru gan y nifer fach o ddangosynnau. Ond dim ond dwy enghraifft o <ws> – <disgynnws> a <kyhyrdws> – a geir yn y P7 hwy a hŷn, sydd, yng nghyd-destun (-j-)-100 y cant ac (-th-)-100 y cant, yn dynodi testun gogleddol ac ynddo olion prin o'r <ws> a nodweddai lawysgrifau a luniwyd ryw ganrif ynghynt (Thomas 1993: 33–4). Sgorau P4 a J111 sy'n mynnu sylw pellach:

Testun	%	N
P7	96.67	60
P14	100.00	12
P4	59.49	79
J111	67.95	78

Un o ganlyniadau anochel y tebygrwydd rhyngdestunol nodweddiadol yw bod (-odd) yn P4 a J111 yn cynnig cryn nifer o elfennau cymaradwy. Er hynny, pwysig nodi tair ffactor allweddol:

1. nid hawdd pennu aelodaeth set (-odd);
2. nid oes bob amser ferf gyfatebol yn y naill destun a'r llall;
3. mae J111 yn amlygu newid arddulliol.

Er mai ystyriaeth ganolog i bennu aelodaeth (-odd) yw cyfnodau llunio'r llawysgrifau dan sylw, ni ellir dianc rhag y cymhlethdodau a gyflwynwyd gan eu cynseiliau. Gan na ellir dechrau dirnad hynny yng nghyd-destun (-odd), rhaid bodloni ar nodi bod rhai berfau fel <byryawd, byrywys>, <kymhellawd, kymhellwys>, a <dygwydawd, dygwydwys> yn dewis <awd> ac <wys>, ond nad yw <kerdwys> na <kyrchawd> yn amrywio. Effeithir ar y gymhariaeth ryngdestunol hefyd gan un o'r ffenomenâu achlysurol sy'n lleihau nifer y parau cymaradwy, sef y dewis o ffurfiau berfol. Er enghraifft, yn J111 y berfenw, <eisted>, sy'n cyfateb i'r ferf <eistedawd> yn HP 20.2; yn yr un modd, <bu> sydd gan HP 180.7 yn cyfateb i <kyrchwys> J111 200.10. Bryd arall, bydd bwlch, fel yr un yn P4 lle nad oes Cymal a allai gynnwys berf i gyfateb i J111 205.12 <ffustawd>.

Enghraifft benodol ac arwyddocaol o'r gwahaniaethau uchod yw'r amrywio rhwng ffurfiau ar KERDET a KYCHWYN. Ar ddechrau'r testun, o HP 11.21 hyd at HP 22.23, y mae pedair enghraifft o ffurfiau Gorffennol U3 ar KERDET yn P4 yn cyfateb i ffurfiau cyfatebol ar KYCHWYN yn J111, er enghraifft:

HP 11.21 Ynteu Peredur a *gerdawd* racdaw parth a llys Arthur.
RM 196.30 Ac ynteu beredur a *gychwynna6d* parth a llys arthur.

O HP 29.3–4 hyd at HP 69.5, fodd bynnag, y mae'r amrywio'n peidio wrth i saith enghraifft olynol gytuno'n berffaith; cf.

HP 29.3–4	ac ynteu Peredur a *gerdawd* racdaw. Ac ar vynyd y wrthaw ef a welei gastell
RM 210.4	Ac ynteu peredur a *gerda6d* racda6. Ac ar vynyd y 6rtha6 ef a welei gastell.

Gall P7 a P14 ddewis ffurfiau ar *cerdded, mynd* neu *dod* yn y cyd-destunau uchod, fel nad ydynt yn cytuno'n gyson â P4 (Atodiad C). Ond dim ond yn J111 y ceir ffurfiau ar *cychwyn*, ac y mae'r rheini'n darfod o HP 29.3–4 ymlaen. Ar ôl y pwynt hwnnw, felly, fe beidiodd rhyw law olygyddol yn fersiwn J111 â ffafrio <kychwynnawd> a <kychwynnwys>.

Gyda'r symud o KYCHWYN i KERDET yn J111 fe geir newid hefyd yn (-odd) P4: rhediad o chwe ffurf yn <wys> (hyd at 28.28) yn cael ei atalnodi gan un yn <awd> (29.4):

HP 7.27–28.28			**HP 29.4–69.5**		
Testun	**%**	**N**	**Testun**	**%**	**N**
P4	20.00	30	P4	83.33	48
J111	38.71	31	J111	86.96	46

Llawn mor bwysig â'r newid yn amlygrwydd <-awd> yn y naill destun a'r llall yw'r cynnydd yng nghyfatebiaeth ffurfiau unfath P4 a J111: o 40 y cant amhenodol hyd at 28.28, i 93.75 y cant pendant iawn o 29.4 ymlaen.

Un anhawster ynglŷn â'r rhaniad uchod yw ei fod yn cael ei ddiffinio gan ddwy nodwedd broblematig: nid rhaid mai cynnyrch peidio â ffafrio KYCHWYN yw pob enghraifft o KERDET yn J111; o ran (-odd), y <kerdawd> (HP 29.4) diamrywio sy'n dynodi'r rhaniad ac at hynny <kyrchwys> (HP 29.30), nad yw hithau'n amrywio, yw'r ferf nesaf yn P4 a J111. Gan hynny, er nad oes amheuaeth am y newid yng nghytuno rhyngdestunol (-odd), y mae'n bosibl mai damweiniol yw'r pwynt a ynyswyd. Ffurf ar <bwrw>, <byrywys> (HP 31.21) – sy'n amrywio yn y naill destun a'r llall – yw'r ferf nesaf yn yr olyniad ac fe'i dilynir hi gan saith ffurf bellach sy'n cytuno â'i gilydd yn P4 a J111. Ymddengys, felly, mai diogel casglu bod cytuno rhyngdestunol (-odd) yn ganlyniad i ryw ffactor allanol o HP 31.21 ymlaen.

(Nid yw'r gwahaniaeth canrannol ond lleiafol: 93.48 y cant yn hytrach na 93.75 y cant.)

Dehongli ymbatrymu'r newidynnau

Y mae Table 2.8 yn cyffredinoli prif negeseuon ymbatrymu (-th-), D(AE)TH a (-j-) yn P7 a P14, ac o ddechrau P4 a J111 hyd at HP 31.27, yn nhermau gogleddedd (G) a deheuedd (D).

Tabl 2.8: Ymbatrymu cyffredinol P7, P14 a dechrau P4 a J111

Newidyn	P7	P14	P4	J111
(-th-)	G	G	G	D
D(AE)TH	G	G	G	D
(-j-)	G	G	D	D

Y mae'r P7 a'r P14 gogleddol a'r J111 deheuol, felly, yn ymbatrymu yn unol â normau taleithiol ac yn cyferbynnu â'r P4 brith.

Gwelwyd uchod fod brithni o fath arall yn hynodi P4 o HP 31.27 ymlaen: diffyg cyfeiriad penodol i ymbatrymu (-th-), D(AE)TH, *cychwynn(u)* a (*p(a)*). O'r pwynt hwnnw ymlaen (ac o oddeutu HP 31.21 ymlaen yn achos (-odd)), fodd bynnag, y mae newid pellach, sef troi'r radd isel o gytundeb rhwng ffurfiau cyfochrog rhannau cyntaf P4 a J111 yn fesur uchel o gytuno. Gan nad yw pob newidyn yn digwydd ym mhob Cymal, ni allai'r cyfnewidiadau i'r pedwar newidyn ddigwydd yn yr un man. Er hynny, y mae'n drawiadol mai dim ond yn achos yr (-odd) anodd ei ddiffinio y ceir awgrym o orymylu rhwng y newidynnau o ran diwedd mesur isel o gytundeb rhyngdestunol a dechrau mesur uchel o gytuno. Fel arall, ac yn arbennig o ystyried y D(AE)TH aml ei ddigwydd, fe geir rhaniad pendant tua diwedd HP 31 a dechrau HP 32, fel y gwelir yn (29). O ran y llawysgrifau, oddeutu gwaelod P4 141 a J111 672 y daw'r newid ymbatrymu hwn, yng nghanol episod y gwaed ar yr eira. Ond ar wahân i'r brif lythyren <N> ar ddechrau <Ny> 'ni' sef gair cyntaf Cymal cyntaf yr ail ran yn y naill lawysgrif a'r llall, nid oes unrhyw arwydd amlwg i'r ysgrifwyr ddechrau ar adrannau newydd yma.[15]

HP	Newidyn	% Cytuno
28.28	(-odd)	40
30.17	*cychwynn(u)*	20
31.5	*p(a)*	23
31.21	**(-odd)**	**94**
31.27	D(AE)TH	43
32.3	D(AE)TH	**83**
34.28	***cychwynn(u)***	100
43.11	***p(a)***	75

(29)

O tua diwedd P4 141 ymlaen, felly, y mae ymbatrymu'r newidynnau ieithyddol a ystyriwyd yma mor drawiadol debyg yn nhestunau'r Llyfrau Gwyn a Choch fel mai hawdd derbyn dyfarniad y sawl a dybiai mai copïo'r Gwyn a wnaeth y Coch o golofn 145 ymlaen. Er hynny, dengys (20) – sef Cymalau tagio nas ceir yn P4 ond sydd yn P7 a J111 ac a allai, felly, gyfleu parhad o'r traddodiad a gynrhychiolir gan P7 – nad copi anfeirniadol o'r Llyfr Gwyn yw'r Coch yn y mannau hynny. Ystyrier, felly, broffiliau'r ddwy fersiwn ochr yn ochr (dynodi'r rhaniad i (-odd) y mae'r cyfeiriadau rhwng cromfachau) yn y rhestr isod.

	HP 7.1–(28.28/)31.27		**HP (31.21/)32.1–70.25**	
Nodwedd	**P4**	**J111**	**P4**	**J111**
(-j-)	0.00	0.00	0.00	0.00
(-odd)	20.00	38.71	84.78	88.64
(-th-)	100.00	0.00	57.14	14.29
D(AE)TH	94.44	34.29	47.76	50.00
p(a)	14.29	84.62	0.00	33.33

(-j-) yw'r unig newidyn nad oes newid yn ei ymbatrymu yn y naill destun na'r llall ar ôl 31.27: dengys hwn fod i'r ddwy fersiwn gysylltiadau deheuol digamsyniol. Y mae (-odd), ar y llaw arall, yn arddangos newid trawiadol: y ddau destun yn ffafrio <wys> yn y rhan gyntaf ond <aud> yn yr ail. Yng nghyd-destun (-j-)-ø, dyma awgrym bod i'r rhannau cyntaf gysylltiadau de-ddwyreiniol neu dde-orllewinol cynnar, ond mai â'r De-orllewin y mae uniaethu'r ail rannau. Ond os yw (-odd) yn awgrymu bod y ddwy fersiwn yn cydsymud yn ieithyddol, nid felly (-th-): testun (-th-)-<t> yw J111 drwyddo, eithr fe drawsffurfir P4 o'i <th> ogleddol yn y rhan gyntaf i frithni yn yr ail. Daw newid tebyg i ran D(AE)TH yn P4: o <oe> ogleddol y rhan gyntaf i dir canol yn yr ail, nodwedd y mae'n ei rhannu â J111, sy'n colli'r duedd ddeheuol a amlygwyd gan D(AE)TH yn y rhan gyntaf. O ran *p(a)*, yr ymddengys nad oes iddo arwyddocâd taleithiol, y mae J111 yn symud o <pa> yn y rhan gyntaf i'r <py> sy'n nodweddu P4 drwyddi.

Awgrym cymhariaeth o elfennau yn ieithwedd sampl o destunau eraill a gopïwyd gan Hywel Fychan oedd ei fod yn parchu nodweddion taleithiol ei gynseiliau (Thomas 1993). Os yw *Peredur* y Llyfr Coch yn arddangos yr un copïo nodweddion ieithyddol amrywiol gweddol ffyddlon, yna y mae'n ymddangos nad un cynsail a oedd i'r fersiwn a ddiogelodd ef ond dau: y cyntaf, a ddefnyddiwyd hyd at oddeutu HP 31.27, yn ffafrio <pa> a D(AE)TH-<eu> ac yn ddeheuol ond efallai wedi ei gopïo o gynsail gogleddol; yr ail, o oddeutu HP 32.1 ymlaen, eto'n arddangos nodweddion deheuol o ran (-j-) ac (-th-) ond hefyd yn pleidio <aud> a <py> ac yn amhendant o ran D(AE)TH.

Yn wahanol i'r cynnyrch gan Hywel Fychan a ystyriwyd yn yr arolwg arweiniol, nid oedd y testunau a samplwyd o waith Llaw D yn arddangos tueddiadau taleithiol penodol (Thomas 1993). Awgrym astudiaeth fanylach o'i ieithwedd ef yn *Breudwyt Maxen*, fodd bynnag, oedd y gallai Llaw D fod yn ffafrio'r cyfuniad annodweddiadol (-j-)-ø, (-th-)-<th>, ac (-odd)-<wys> (Thomas 1997), sef yr union gyfuniad ag a geir hyd at HP 31.27. Dichon, felly, nad hynodi Llaw D ond ei ffynhonnell yr oedd yr ymbatrymu hwn oherwydd ni chynhaliwyd ef o HP 32.1 ymlaen. Yn hytrach, dim ond (-j-)-ø sy'n dal yn ddigyfnewid: yn awr y mae'n ffafrio (-odd)-<aud> ond y mae (-th-) a D(AE)TH, a fu'n ogleddol, bellach yn amhendant. Ymddengys, felly, fod Llaw D hefyd yn cyfuno dau draddodiad ieithyddol, a thrwy ymhlygiad, ddwy ffynhonnell.

Ni wyddom ddigon eto am hanes ein testunau rhyddiaith canoloesol i ddirnad i ba raddau yr oedd cyfuno ffynonellau yn nodweddiadol. Yn y cyd-destun presennol, fodd bynnag, ymddengys nad cyd-ddigwyddiad yw i'r newid ieithyddol ddigwydd tua'r un man yn P4 ac yn J111. O chwilio am ysgogiad cyffredin i ddefnyddio dwy ffynhonnell, y tebygolrwydd yw bod un o'r rheini yn anghyflawn: diwedd y gyntaf, neu ddechrau'r ail. Mewn sefyllfa o'r fath, gellid disgwyl mai'r ffynhonnell hynaf a gâi'r parch mwyaf. Os felly, a chan mai'r ail ran yw'r hwyaf, y mae'n debyg mai ei ffynhonnell hi oedd yr hynaf a'r un anghyflawn. Cynigiaf mai'r hyn a ddigwyddodd, felly, oedd i Law D a Hywel Fychan ill dau ddefnyddio'r un ffynhonnell anghyflawn hon a chyflenwi'r bwlch dechreuol â dwy lawysgrif arall a oedd yn tarddu o gopi cyffredin pellach. Byddai hynny'n cyd-daro â'r tebygrwydd testunol ond nid ieithyddol sydd rhwng fersiynau P4 a J111 hyd at HP 32.1, a hefyd â'r mesur uchel o gytuno testunol ac ieithyddol sydd rhwng fersiynau P4 a J111 o HP 32.1 ymlaen.[16]

Os diogelu proffiliau ieithyddol ei gynseiliau a wnâi Hywel Fychan, ymddengys mai brodor o'r De (ac efallai'r De-ddwyrain) a luniodd gynsail rhan gyntaf J111, sy'n cyfuno tuedd i ddefnyddio (-j-)-ø, (-th-)-<t>, D(AE)TH-<eu>, ac (-odd)-<wys>. Cwbl wahanol, ac anodd ei ddehongli yn nhermau tafodieithoedd y presennol, yw gogwydd proffil y rhan gyfatebol yn P4: (-j-)-ø, (-th-)-<th>, D(AE)TH-<oe>, ac (-odd)-<wys>. O HP 32.1 (o leiaf) ymlaen, fodd bynnag, nid <wys> ond <aud> yw sylweddoliad ffafredig (-odd) yn J111 hefyd, awgrym mai o'r De-orllewin y deuai lluniwr y cynsail i'r rhan honno. Ond y mae yma yn ogystal islais gogleddol: enghreifftiau o (-th-)-<th> yn ymddangos tua diwedd J111 (yn gymysg â (-th-)-<t> yn y naill fersiwn a'r llall), a D(AE)TH yn pendilio rhwng <eu> ac <oe>. Os mai'r un cynsail a oedd i'r ddwy lawysgrif o HP 32.1 ymlaen, felly, y mae'r gwahaniaeth rhwng (-th-)-14 y cant yn J111 ac (-th-)-57 y cant yn P4 yn awgrymu y gallai Llaw D dueddu i ffafrio (-th-)-<th>. Os felly, a chan na newidiwyd (-j-) yn yr un modd, dichon mai brodor o ogledd y llain ieithyddol ddeheuol oedd Llaw D.

Yr unig nodwedd broblematig a erys yw ymbatrymu rhai o'r Cymalau tagio a enghreifftir gan (20). Yn y cyd-destun hwnnw y mae arwyddocâd arbennig i olyniadau tebyg yn *Breudwyt Maxen* (Thomas 1997). Un o hynodion y traddodiad a gynrychiolir gan fersiynau P4 a J111 o'r chwedl honno yw tuedd i ddileu tagiau, sef yr un nodwedd ag a amlygir gan y tair enghraifft yn (20). Sylwer ar y dyfyniad estynedig canlynol o HP 45–6, sy'n ymgorffori (20a) mewn cyd-destun ehangach ac yn dynodi'r tagiau sydd yn J111 ond nas ceir yn P4 â theip trwm:

'Ie,' heb y Peredur, 'py gybellet odyma yw y cruc a dywedy ti?'

'Mi a rifaf yt ymdeitheu hyt yno, ac a dywedaf it py gybellet yw. Y dyd y kychwynnych odyma, ti a doy y lys Meibon y Brenhin y

Diodeifeint.'

'Pyham y gelwir wy uelly?'

'Adanc llyn a'e llad vn weith beunyd. Pan elych odyno ti a deuy hyt yn llys Iarlles y Kampeu.'

'Py gampeu **heb y peredur** yssydd erni hi?'

'Trychanhwr teulu yssyd idi . . .'

'Can buost **heb y peredur** ormes . . .'

O gofio mai *Breudwyt Maxen* sy'n dilyn *Peredur* yn y Llyfr Gwyn (a'r Coch), tybed ai cyd-ddigwyddiad yw bod y naill destun a'r llall yn rhannu'r un duedd i ddileu tagiau? Yr awgrym yw bod i luniwr un o gynseiliau tybiedig *Breudwyt Maxen* ran yn nhraddodi fersiwn y Llyfr Gwyn o *Peredur* hefyd. O ran hanes traddodi'r fersiynau o'r ddwy chwedl yn y Llyfr Coch, y mae bod y llenyddoli hwn yn cael ei rannu gan ei fersiwn ef o *Maxen* ond nid gan ei *Peredur* yn codi cwestiynau pellach. Ai ysgrifydd y Llyfr Gwyn a ddileodd ambell dàg yn *Peredur* ynteu ai Hywel Fychan a fu'n eu hadfer? Os Hywel Fychan a fu'n addasu tagio fersiwn y Llyfr Coch o *Peredur*, paham na wnaeth hynny yn *Maxen* hefyd? Ail bosibilrwydd, a fyddai'n golygu addasu ychydig ar y ddamcaniaeth a gynigir yma am y cynsail cyffredin uniongyrchol i fersiynau P4 a J111 o oddeutu HP 32.1 ymlaen, yw bod llawysgrif arall – cynnyrch y llenyddolwr tagiau – yn pontio'r cynsail hwnnw a'r ail ran i P4. Ni ellir ond gobeithio y bydd gwaith ar chwedlau eraill yn cynnig golau pellach ar yr astrusi hwn.

Ymgais i fodelu cydberthynas y pedair fersiwn mewn modd dynamig yw Ffigur 2.5 (gyferbyn), sy'n ymgorffori data Tabl 2.1, dehongliad o negeseuon a hynt y newidynnau, a dyddiadau Daniel Huws ar gyfer y pedair llawysgrif a oroesodd. Fel y nodwyd wrth drafod Ffigurau 2.3 a 2.4, gallai fod dwy berthynas rhwng fersiynau P7 a P14; ni fu modd torri'r ddadl honno a dylid deall, felly, mai dim ond un o'r posibiliadau a ddarlunnir ar Ffigur 2.5. At hynny, gellid hepgor D neu DD ac ychwanegu llawsgrif arall rhwng CH a P4.

Y mae Ffigur 2.5 yn gofyn am bedair neu bump o ffynonellau coll. Os yw'r nifer honno'n ymddangos yn fawr, cofier am gasgliad Daniel Huws (1993) mai gwaith cyfran fach iawn o'r 83 llaw a uniaethodd ef a oroesodd mewn mwy nag un llawysgrif. Yn erbyn y gefnlen honno, dichon nad yw Ffigur 2.5 ond yn

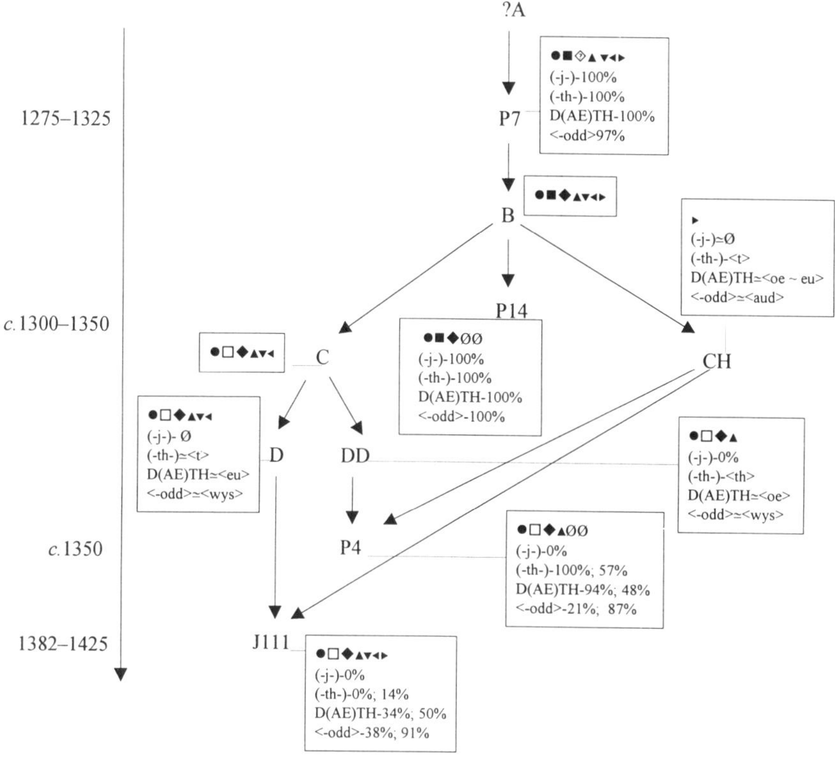

Ffigur 2.5: Model dynamig

cyfleu amcan o nerth y 'ffrwydrad cynhyrchu llyfrau Cymraeg' tua 1250–1400 (Huws 1993: 1) yn hanes copïo un testun.

Crynhoi

O'r Gogledd, tua 1275–1325, y daw'r dystiolaeth gynharaf am y chwedl ysgrifenedig, ond erbyn 1350 yr oedd rhywun neu rywrai wedi ei chaboli a chynhyrchu o leiaf un fersiwn arall ohoni, eto yn y Gogledd. Tua'r cyfnod hwn dyma'r fersiwn ysgrifenedig yn teithio i'r De lle y'i mireiniwyd ymhellach cyn ei chopïo a'i chylchredeg i gynulleidfa ehangach. Erbyn comisiynu'r Llyfr Gwyn tua 1350, fodd bynnag, yr oedd CH, un o lawysgrifau hynaf *Peredur* yn y De, wedi colli ei thudalennau cyntaf. Wrth gyflawni ei ran ef o gomisiwn Parc Rhydderch nid oedd gan Law D ddewis ond llenwi'r bwlch â fersiwn ddiweddarach, a luniwyd gan rywun o'r un cyffiniau ag ef. Ryw genhedlaeth yn ddiweddarach dyma'r CH anghyflawn i sgriptoriwm Hywel Fychan hefyd ond gallai yntau droi at fersiwn leol ddiweddarach er mwyn cael cyflenwi'r bwlch, ac – o gofio i'r Llyfr Gwyn fod yn ei feddiant[17] – wybod bod y testun yn gyflawn drwy gymharu'r amryfal fersiynau a oedd ganddo â'i gilydd.

Os cywir y dehongliad uchod, cynrychioli llai na hanner fersiynau ysgrifenedig y bedwaredd ganrif ar ddeg o'r testun y mae pedair llawysgrif ganoloesol *Peredur*.

Nodiadau

1 Crynhoir y gwahanol safbwyntiau gan yr Athro R. M. Jones (1973).

2 Ni chynhwysir P14 yn Nhabl 2.2, eithr gellir nodi bod yno enghraifft bellach ohoni hi yn ymgorffori elfennau a ddatblygwyd yn P4 a J111. Y geiriad yno (185) yw: 'mae arthur. beth a uynnuti ac arthur heb y kei. Vy mam a erchis ym dyuot ar arthur ym urdaw yn uarchawc urdawl. Myn uynkret hep y kei ry anghyweir y doethos o uarch ac arueu. ac ar hynny argannu y teulu ef. a'e daualu a bwrw llysgyeu ydaw.' Enghreifftir gwahaniaethau rhynglawysgrifol eraill yn Davies isod.

3 Y mae *Geiriadur Prifysgol Cymru* (1479a) yn cofnodi enghreifftiau pellach o <golwrch> ond nid o <golfwrch>.

4 Am nad yw'n cynnwys *ac am y gwr gwisc o bali* y mae dyfyniad Bollard (1979: 371) o P7 yn gamarweiniol. Er hynny, ymddengys fel pe bai'r fersiynau diweddarach wedi cyddwyso geiriad P7.

5 Rhydd Bollard (1979: 370–1) bedwar dyfyniad arall a ddehonglir ganddo yn enghreifftiau o orymylu tebyg. Gwell gennyf fi weld yn y rheini weddau ar olygu nodweddiadol y cyfnod.

6 Os digwydd sillafiad fwy nag unwaith, dynodir hynny ar ôl y ffurf.

7 Er enghraifft, <gantaw, genti, gantunt> deheuol, a <ganthaw, genthi, ganthunt> gogleddol.

8 Er enghraifft, <ryngthaw, ryngthi, ryngthunt> gogleddol, <ryngtaw, ryngti, ryngtunt> deheuol, a <rydaw, rydi, rydunt> sydd, mae'n debyg, yn dde-ddwyreiniol.

9 Y mae P4 a J111 yn cynnwys mwy o enghreifftiau ac felly'n cynnig mwy o gyfle i amrywio. Er hynny, mae ymbatrymu'r newidynnau eraill

a ystyrir isod yn awgrymu nad oes perthynas rhwng nifer y dangos-ynnau a mesur yr amrywio.

[10] Ni chynhwysir yma ond y prif amrywiadau a nodir gan Evans (1970: 134).

[11] Y datblygiad a ymhlygir yw /dəyθ/ > /dayθ/ (neu efallai /dəɨθ/) > /daɨθ/ > /da:θ/. Gellir tybied i /aɨθ/ 'aeth' ddylanwadu ar y newid.

[12] Dim ond un enghraifft o'r berfenw sydd yn P14; nid oes yr un yn P7. Adferir cytsain gysefin ffurfiau a dreiglwyd a dynodi'r cyfnewid drwy italeiddio'r cytseiniaid a newidiwyd.

[13] Yn hyn o beth y mae *Peredur* yn cyferbynnu â *Breudwyt Maxen*, lle y ceir cytuno perffaith rhwng ffurfiau'r saith enghraifft o *p(a)* yn fersiynau'r Gwyn a'r Coch (Thomas 1997: 78–9).

[14] Dyma waith y dechreuwyd arno gan Rodway (1998). Yn y dadansoddiad presennol hepgorir berfau y gellid ychwanegu'r ôl-ddodiaid Gorffennol U3 <-as, -es, -is> atynt. Rhestrir y berfau a gynhwyswyd yn Atodiad B.

[15] Mae'n bosibl y byddai ystyried dosbarthiad llythrennau bras yn dadlennu elfennau pellach yng nghydberthynas y ddwy lawysgrif.

[16] Diolch i'r Dr E. Wyn James am drafodaeth estynedig a arweiniodd at y casgliad hwn.

[17] Llanwodd Hywel Fychan fwlch yn nhestun *Culhwch ac Olwen* yn y Llyfr Gwyn (Evans 1907: viii), prawf ei fod wedi cymharu ei gynsail ar gyfer y chwedl honno ag eiddo P4.

ATODIAD A

D(AE)TH yn fersiynau P4 a J111

P4 (HP)	AMRYWYN	J111 (RM)	AMRYWYN
7.28	doeth	194.4	deuth
8.19	**deuth**	**194.19**	**deuth**
9.18	doeth	195.11	deuth
10.7	**doeth**	**195.28**	**doeth**
[	daw	196.2	doeth]
[11.22	doeth	197.2	dathoed]
11.24	doeth	197.4	deuth
[12.22	doethost	197.24	wyt]
[14.3	daw	198.19	deuth]
15.5	**doeth**	**199.13**	**doeth**
15.24	doeth	199.27	deuth
[16.22	doethant	200.19	aethant]
16.28	doeth	200.23	deuth
[17.6	doeth	200.31	gyrchwys]
17.7	**deuth**	**201.1**	**deuth**
18.21	**doeth**	**205.5**	**doeth**
18.23	**doeth**	**202.7**	**doeth**
18.24	doeth	202.8	deuth
[18.27	gyrchwys	202.11	deuth]
[19.3	doeth	202.15	uu]
20.24	**doeth**	**203.21**	**doeth**
[20.26	doeth	——	]
[21.23	doethant	204.14-15	dyuot a orugant]
22.24	doeth	205.8	deuth
23.6	doeth	205.18	deuth
23.7	doeth	205.19	deuth
25.29	doeth	207.24	deuth
[26.2	dyuot	207.26	deuth]
26.16	doeth	208.8	deuth
27.6	doeth	208.21	deuth
27.19	doeth	208.29	deuth
27.21	**doeth**	**209.1**	**doeth**
[29.1	ry uuost	210.1	deuthost]
29.6	doeth	210.5	deuth
29.28	**doeth**	**210.23**	**doeth**
[30.18	daw	211.8	doeth]
30.19	**doeth**	**211.9**	**doeth**
[30.22	daw	211.11	deuth]
31.8	**doeth**	**211.23**	**doeth**
31.15	**doeth**	**211.28**	**doeth**
31.18	doeth	212.2	deuth
[31.26	doethant	212.10	kychwynnassant]
31.27	doethant	212.11	deuthant
32.3	**deuthpwyt**	**212.15**	**deuthpwyt**
33.19	**doeth**	**213.22**	**doeth**
33.22	**doethant**	**213.23**	**doethant**
33.26	**doeth**	**213.27**	**doeth**

34.9	deuth	214.7	doeth
35.24	doeth	215.10	deuth
36.25	**doeth**	**216.6**	**doeth**
36.27	**deuth**	**216.7**	**deuth**
38.9	**deuth**	**217.12**	**deuth**
38.9	**deuth**	**217.12**	**deuth**
39.5	**doeth**	**217.30**	**doeth**
39.16	**doethant**	**218.8**	**doethant**
40.8	**doeth**	**218.26**	**doeth**
41.9	**deuth**	**219.21**	**deuth**
42.23	**deuth**	**220.29**	**deuth**
42.26	**deuth**	**221.1**	**deuth**
43.29	**doeth**	**221.25**	**doeth**
44.26	deuth	222.15	doeth
46.9	**deuthum**	**223.20**	**deuthum**
46.16	doeth	223.25	deuth
46.16	**deuth**	**223.26**	**deuth**
46.24	**deuth**	**224.3**	**deuth**
46.26	**doethant**	**224.5**	**doethant**
47.27	doeth	224.30	deuth
49.16	**deuthum**	**226.13**	**deuthum**
50.22	**deuthum**	**227.12**	**deuthum**
50.7	**doethant**	**226.30**	**doethant**
51.4	doethant	227.20	deuthant
51.8	**deuth**	**227.23**	**deuth**
[51.17	deuth	——	]
52.7	**doethoch**	**228.16**	**doethawch**
52.17	deuth	228.24	doeth
52.27	deuth	229.1	doeth
53.26	**doeth**	**229.29**	**doeth**
54.23	**doethant**	**230.21**	**doethant**
54.26	doeth	230.29	deuth
55.2	**deuth**	**230.29**	**deuth**
55.3	**deuth**	**230.29**	**deuth**
55.4	**deuth**	**230.30**	**deuth**
55.7	deuth	231.3	doeth
56.8	**deuth**	**231.30**	**deuth**
57.12	**doethost**	**232.29**	**doethost**
59.28	**doeth**	**234.28**	**doeth**
59.9	**deuth**	**234.15**	**deuth**
60.20	**doeth**	**235.17**	**doeth**
61.16	**deuth**	**236.6**	**deuth**
61.5	**deuthum**	**235.27**	**deuthum**
62.23	**deuth**	**237.6**	**deuth**
62.3	**doeth**	**236.19**	**doeth**
63.25	**doeth**	**238.2**	**doeth**
63.5	**doethant**	**237.15**	**doethant**
63.7	**deuth**	**237.17**	**deuth**
65.1	**doeth**	**238.28**	**doeth**
65.26	**doeth**	**239.17**	**doeth**
66.6	**deuthum**	**239.25**	**deuthum**
66.22	**doeth**	**240.6**	**doeth**
66.23	deuth	240.7	doeth

67.13	**deuth**	**240.23**	**deuth**
67.17	**deuthum**	**240.26**	**deuthum**
67.18	**doeth**	**240.27**	**doeth**
67.27	**doeth**	**241.3**	**doeth**
68.20	**doeth**	**241.21**	**doeth**
69.5	**deuth**	**242.3**	**deuth**
69.17	**doeth**	**242.14**	**doeth**
69.19	**doeth**	**242.15**	**doeth**
69.27	**deuthum**	**242.22**	**deuthum**
70.1	**deuthum**	**242.26**	**deuthum**

ATODIAD B

(-odd) yn fersiynau P4 a J111

P4(HP)	FFURF	J111(RM)	FFURF
7.27	*k*ymhellawd	194.3	*k*ymhellwys
9.11	dygwydwys	195.4	dygwydawd
11.21	*k*erdawd	196.30	*k*ychwynnawd
12.5	**_k_yrchwys**	**197.12**	**kyrchwys**
15.27	*k*erdwys	199.30	*k*ychwynnwys
16.6	**_k_yhyrdwys**	**200.6**	**_k_ehyrdwys**
16.9	byrywys	200.08	byryawd
16.14	*b*yryawd	200.11	*b*yrywys
16.18	**_k_ychwynnwys**	**200.14**	**_k_ychwynnwys**
16.20	*k*erdawd	200.16	*k*ychwynnwys
16.22	**_b_yrywys**	**200.18**	**_b_yrywys**
[16.24	*b*yrywys	——	]
16.27	**kychwynwys**	**200.22**	**_k_ychwynnwys**
17.5	**_k_yrchwys**	**200.30**	**_k_yrchwys**
[18.7	*b*u	201.22	dygwydawd]
18.26	**kyrchwys**	**202.10**	**kyrchwys**
[18.27	*k*yrchwys	202.11	deuth]
[20.2	eistedawd	——	]
20.12	gofynnwys	203.13	gofynnawd
[20.23	kychwyn	203.20	*k*ychwynnwys]
[21.8	[llamwys]	204.1	neidyawd]
22.2	byrywys	204.19	vyryawd
22.8	**_b_yrywys**	**204.24**	**byrywys**
22.23	kerdwys	205.7	*k*ychwynnwys
[22.28	——	205.12	ffustawd]
25.11	**dygwydwys**	**207.7**	**dygwydwys**
26.11	**_k_yrchwys**	**208.4**	**_k_yrchwys**
26.13	**byryawd**	**208.7**	**_b_yryawd**
[26.15	byrywys	——	]
27.4	**_k_yrchwys**	**208.19**	**_k_yrchwys**
27.5	*b*yrywys	208.20	*b*yryawd
27.20	**_b_yrywys**	**208.30**	**_b_yrywys**

27.22	**byrywys**	**209.2**	**byrywys**
[27.29	bu	209.7	trigyawd]
28.28	*b*yrywys	209.28	*b*yryawd
29.4	***k*erdawd**	**210.4**	***k*erdawd**
29.30	***k*yrchwys**	**210.25**	***k*yrchwys**
31.21	**byrywys**	**212.5**	**byrywys**
32.1	**symudawd**	**212.13**	**symudawd**
32.14	**symudawd**	**212.24**	**symudawd**
36.6	***k*erdawd**	**215.19**	***k*erdawd**
36.7	**dilynwys**	**215.20**	**dilynwys**
38.8	***g*wiscawd**	**217.11**	***g*wisgawd**
40.6	***k*erdawd**	**218.24**	***k*erdawd**
40.20	**kerdawd**	**219.6**	**kerdawd**
41.22	*k*yrchwys	220.1	*k*yrchawd
41.30	**kyrchawd**	**220.8**	**kyrchawd**
[42.3	byryawd	220.11	b6r6]
42.6	***k*yrchawd**	**220.13**	***k*yrchawd**
42.18	**trigywys**	**220.23**	**trigywys**
42.21	**ellygawd**	**220.26**	**ellygawd**
42.30	**edrychawd**	**221.4**	**edrychawd**
43.1	***g*ofynnawd**	**221.5**	***g*ovynnawd**
45.1	**tynnawd**	**222.19**	**tynnawd**
46.14	**kychwynnawd**	**223.24**	**kychwynnawd**
46.21	**eneinawd**	**224.1**	**eneinawd**
46.28	**gofynawd**	**224.7**	**govynnawd**
47.8	**kerdawd**	**224.15**	**kerdawd**
51.21	***b*yryawd**	**228.2**	***b*yrryawd**
51.22	***b*yryawd**	**228.3**	***b*yryawd**
51.24	***g*ofynawd**	**228.6**	***g*ovynnawd**
52.21	***k*yhyrdawd**	**228.27**	***k*ehyrdawd**
54.1	**edrychawd**	**230.3**	**edrychawd**
54.8	**byryawd**	**230.8**	**byryawd**
54.9	***b*yryawd**	**230.9**	***b*yryawd**
54.13	***b*yryawd**	**230.12**	***b*yryawd**
[54.13	vyrywys	——	]
54.24	**wharyawd**	**230.22**	**wharyawd**
54.26	***g*ofynnawd**	**230.24**	***g*ovynnawd**
55.16	**edrychawd**	**231.12**	**etrychawd**
56.14	**gwledychwys**	**232.4**	**gwledychwys**
58.9	***k*utuunnawd**	**233.21**	***k*yttuunawd**
59.4	**mynnawd**	**234.10**	**mynnawd**
61.14	***k*erdawd**	**236.4**	***k*erdawd**
61.30	***k*erdawd**	**236.16**	***k*erdawd**
62.23	**kerdawd**	**237.5**	**kerdawd**
63.24	**ellygawd**	**238.1**	**ellynghawd**
63.26	***g*ofynnawd**	**238.3**	***g*ovynnawd**
64.12	***k*ywirawd**	**238.14**	***k*ywirawd**
64.30	**byryawd**	**238.28**	**byryawd**
68.21	***k*yrchawd**	**241.22**	***k*yrchawd**
68.22	**ellygwys**	**241.22**	**ellyghwys**
69.5	***k*erdawd**	**242.3**	***k*erdawd**

ATODIAD C

Ffurfiau Gorffennol U3 *cerdded* a *cychwyn* y Llyfr Coch o'u cymharu ag eiddo'r fersiynau eraill

P7 160.16	ac yntev baredur a *ayth* racdaw lys arthur.
P14 184.4	ynteu beredur a *gerdawd* racdaw parth a llys arthur.
HP 11.21	Ynteu Peredur a *gerdawd* racdaw parth a llys Arthur.
RM 196.30	Ac ynteu beredur a *gychwynna6d* parth a llys arthur.
P7 162.12	Ac yna *kerdet* a oruc peredur ymdeith
P14 185.30	yna yd *aeth* peredur racdaw.
HP 15.27	Ac ynteu Peredur a *gerdwys* racdaw y ymdeith.
RM 199.30	Ac ynteu peredur a *gych6ynn6ys* ymeith.
P7 162.25	a pharedur a *gerdaw[d]* ra[c]daw
P14 186.6	Ac ynteu beredur a *gerdawd* racdaw
HP 16.20	Ac ynteu Peredur a *gerdawd* racdaw y ymdeith.
RM 200.16	Ac ynteu peredur a *gych6ynn6ys* racda6.
P7 165.20	A racdaw yd *aeth* peredur odyna i diffeith goedyd ac anialwch.
HP 22.23	Ynteu Peredur a *gerdwys* racdaw ymdeith ac a doeth y goet mawr ynyal.
RM 205.7-8	Ynteu peredur a *gychwynnwys* racda6. ac a deuth y coet ynyal.
P7 168.28	Odyna y *kerdod* peredur yny weles kastell
HP 29.3-4	ac ynteu Peredur a *gerdawd* racdaw. Ac ar vynyd y wrthaw ef a welei gastell
RM 210.4	Ac ynteu peredur a *gerda6d* racda6. Ac ar vynyd y 6rtha6 ef a welei gastell.
P7 172.2	A tranoeth yn diannot peredur a *gerdawd* racdaw
HP 36.6	Tranoeth ef a *gerdawd* Peredur ymdeith
RM 215.19	Trannoeth ef a *gerda6d* peredur ymeith.
P7 174.14	Ac odyna yd aeth peredur ymdeith drannoeth y bore ac y *kerdawd* anvedred o dir diffeith heb dim kyvanned.
HP 40.6	Peredur ynteu a *gerdawd* y bore tranoeth racdaw talym mawr o diffeith, heb gaffel kyfanhed
RM 218.24	Peredur ynteu a *gerda6d* y bore drannoeth racdaw talym ma6r o diffeith. heb gaffel kyuanned.
P7 174.23	Ac or diwed ef a *doeth* lys arthur.
HP 40.20	Odyna y *kerdawd* racdaw y lys Arthur.
RM 219.6	Odyna y *kerda6d* racda6 y lys arthur.
P7 177.2-3	Sef a oruc peredur yna *mynet* yn y hol
HP 47.8	Ac yna y kerdassant wy racdunt, ac y *kerdawd* Peredur yn eu hol.
RM 224.15	Ac yna y kerdassant 6y racdunt. Ac y *kerda6d* peredur yn eu hol.

HP 61.14	A Pheredur a *gerdawd* racdaw.
RM 236.4	A pheredur a *gerda6d* racda6.

HP 69.5	Peredur a *gerdawd* racdaw ac a deuth y emyl y llwyn
RM 242.3	Peredur a *gerda6d* racda6. ac a deuth y ymyl y ll6yn.

Y CYSYNIAD O DESTUN

Brynley F. Roberts

Golygu a thrafodaethau testunol sydd wedi nodweddu astudiaethau o lenyddiaeth Gymraeg ganoloesol hyd yn gymharol ddiweddar. Yr oedd rhesymau digon dilys am y diddordeb hwn gan mai tasg gyntaf adrannau Cymraeg ifainc Prifysgol Cymru oedd darparu testunau diogel a hylaw yn feysydd astudio i efrydwyr mewn ysgol a choleg i gymryd lle argraffiadau diplomatig J. Gwenogvryn Evans a John Morris-Jones a thestunau anfeirniadol *The Four Ancient Books of Wales, The Myvyrian Archaiology of Wales* a chyfrolau Cynddelw, Charles Ashton, Myrddin Fardd a'r tebyg (Roberts 1996, 1998). Datblygodd crefft a gwyddor golygu gwaith y cywyddwyr o ymdrechion cyntaf *The Bangor Welsh Manuscript Society* at olygiadau Ifor Williams, Henry Lewis, T. Gwynn Jones a Thomas Roberts yn y 1930au a gwaith cynharach W. J. Gruffydd nes y gwelir yng ngwaith nifer o ymchwilwyr iau ddull a phatrwm yn cael eu sefydlu, er mai yn *Gwaith Dafydd ap Gwilym* Thomas Parry (1952) y ceir y disgrifiad llawnaf o'r hyn a ystyrid yn ddiben a nod y dull golygyddol hwn a thrafodaeth ar y fethodoleg. Nodweddid y fethodoleg honno gan archwiliad o'r holl gopïau o gywydd ac ystyriaeth o'r holl ddarlleniadau amrywiol mewn ymgais i greu testun 'safonol' a gynrychiolai'r gerdd fel y'i cyfansoddwyd gan fardd unigol. Cyfres o amrywiadau, rhai ohonynt yn llygriadau, eraill yn gyfnewidiadau bwriadus neu amgylchiadol, ond y cyfan yn eu hanfod yn newidiadau ar destun gwreiddiol, safonol, nad oedd, efallai, wedi ei gadw yn yr un o'r copïau a oedd ar gael bellach: dyna a gynrychiolid gan amryfal gopïau'r llawysgrifau. Crefft y golygydd oedd adfer y gerdd wreiddiol ar sail ei wybodaeth o iaith, arddull a mydryddiaeth, ei ddealltwriaeth o gyd-destun llenyddol a hanesyddol cerdd, a'i brofiad a'i reddf – ei chwaeth, efallai – lenyddol-ysgolheigaidd ei hun.

Yn hyn oll adlewyrchu yr oedd y golygyddion Cymraeg

amcanion beirniadaeth destunol oddi ar gyfnod ailddarganfod llenyddiaeth glasurol yr hen fyd gan ddyneiddwyr y Dadeni Dysg ac ystyried y modd yr oedd y testunau hynny wedi eu trosglwyddo dros y canrifoedd. Diben y feirniadaeth destunol hon oedd llunio methodoleg a fyddai'n fodd i atgynhyrchu testun a gyfleai fwriadau'r awdur, yr un a oedd â 'hawl' ar y cynhyrchiad gwreiddiol. Meddai'r testun golygedig awdurdod y bwriadau cyntaf. Datblygodd crefft y feirniadaeth destunol hon ymhellach, gan fagu ei rheolau a'i thermau ei hun, pan aethpwyd ati yn y bedwaredd ganrif ar bymtheg i'w harfer i geisio sefydlu testun beirniadol o lyfrau'r Beibl. Y canlyniad, fel mewn meysydd eraill yn yr un cyfnod, oedd sefydlu dull mor beiriannol â phosibl a wnâi'r feirniadaeth destunol yn wyddor. O ystyried darlleniadau amrywiol y copïau a oedd ar gael, eu gwallau cyffredin yn fwyaf arbennig, ynghyd â thystiolaeth arall y gellid ei chasglu am le, oed ac amodau'r copïo a pherson yr ysgrifwr, gellid llunio stema (ach lawysgrifol) a ddangosai fel y daeth yr amryfal gopïau o gynsail cyffredin, sef cyfansoddiad yr awdur, a pha lawysgrif oedd yr 'orau', hynny yw, yn nesaf at y cynsail. Swyddogaeth y golygydd oedd defnyddio'r wybodaeth hon i ddewis ac i gywiro darlleniadau, a lle y gwelai angen, i gynnwys darlleniadau 'gwreiddiol' tybiedig.[1] Gwir bod cryn amodi wedi digwydd ar elfennau mwyaf dogmataidd yr athroniaeth hon, yn arbennig yn sgîl golygiadau Joseph Bédier o destunau Hen Ffrangeg, nes bod Eugène Vinaver (1976: 139) yn gallu honni: 'It is no longer possible to classify manuscripts on the basis of "common errors"; genealogical "stemmata" have fallen into discredit, and with them has vanished our faith in composite critical texts.' Ond sôn yr oedd Vinaver am benbleth y golygydd yn wyneb testun nas ceid ond mewn nifer o gopïau amherffaith. Ac er ei fod ef a tho newydd o feirniaid testunol yn pwysleisio swyddogaeth y golygydd i egluro yn hytrach na diwygio testun ac mai dewis un fersiwn a'i golygu orau y gallai oedd y ffordd fwyaf effeithiol o weithio,[2] daliai mai cyrchu tuag at y cyfansoddiad gwreiddiol oedd y nod:

> In the face of these obstacles there is but one possible course open to the critic, and that is to define his task as a partial reconstruction of the lost original; to aim, not at restoring the original work in every particular, but merely at lessening the damage done by the copyists. (Vinaver 1976: 157)

Derbyn cyfyngiadau'r dull stemataidd sydd yma, nid ymwrthod â chysyniad y beirniaid o amrywiadau testunol fel llygriadau o gyfansoddiad gwreiddiol.

Yr oedd helaethrwydd copïau llawysgrif o waith prif feirdd y cywydd yn caniatáu i olygyddion Cymraeg ddilyn dull beirniadaeth destunol glasurol. Ni chadwyd copïau mor amrywiol nac mor niferus o weithiau cyfnodau eraill neu fathau eraill, megis yr Hengerdd, gwaith Beirdd y Tywysogion, a llawer o destunau rhyddiaith; y canlyniad oedd bod yn y meysydd hyn fwy o le i drafodaeth ar lawysgrifau unigol a chyfle, felly, i ddatblygu'r dull stemataidd. Parhâi'r athroniaeth destunol yr un, yn seiliedig ar y cysyniad o Y Testun awdurdodedig neu, o leiaf, safonol. Yn sylfaenol i'r cysyniad hwn o destun y mae'r syniad o gyfansoddiad gwreiddiol a sefydlog sy'n eiddo i awdur unigol. Ni ellir gwadu nad oedd yr ymwybyddiaeth o awduraeth yn un fyw yn yr oesoedd canol a bod hyn mor wir am Gymru ag am gymunedau eraill. Y mae'r traddodiad barddol Cymraeg yn dyst huawdl bod beirdd yn arddel eu cerddi, a'u hawduraeth yn cael ei chydnabod gan eu cynulleidfaoedd (hyd yn oed os oedd y priodoli'n feius weithiau). Nid yw'r traddodiad rhyddiaith yn rhoi'r un pwys ar enwi awduron, yn rhannol oherwydd y gwahaniaeth yn natur gymdeithasol y ddau draddodiad a'r gwahaniaeth yn amodau'r cadw, ond nid yw hyn yn dirymu'r ymwybyddiaeth o awduraeth. Eithr nid yr un yw'r cysyniad o awduraeth â'r cysyniad o awdurdod testunol, yn enwedig mewn cyd-destun llafar. Mewn cymdeithas lle y mae llenyddiaeth yn ffynnu ar lafar (ymgais yw'r geiriad hwn i dynnu gwahaniaeth rhwng cyflwyno, perfformio a throsglwyddo ar lafar ar y naill law a chyfansoddi llafar yn ôl confensiynau'r grefft ar y llaw arall), y mae'n anorfod bod cyfansoddiad, er bod iddo elfennau sefydlog cryf, yn cael ei newid, gan awdur, ei ddatgeiniad neu ei ddarllenydd, yn hollol fwriadol (fel y bydd pregethwr yn gloywi ei bregeth ac yn newid ei phwyslais neu ei chymhwysiad wrth ei phregethu droeon mewn sefyllfaoedd gwahanol) neu'n anfwriadol, a hefyd gan y gynulleidfa hithau oherwydd camglywed, camgofio, camddeall, cymysgu. Pan ddaw dydd y cofnodi, copïo'r cyfansoddiad fel y mae'n wybyddus iddo y bydd ysgrifwr: ac wrth wneud hynny fe all ei atgynhyrchu'n ffyddlon neu ei newid ymhellach, yn fwriadol neu'n anfwriadol. Os llygriadau yw'r gair priodol am gyfnewidiadau anfwriadol, annheg yw rhoi'r un label ar y rhai bwriadol gan fod hon yn broses dderbyniol a chydnabyddedig yn y gwaith o drosglwyddo testun. Sefydlogrwydd oddi mewn i derfynau lled ystwyth, a'r rheini'n amrywio cryn dipyn o ran geiriad, arddull a hyd yn oed gynnwys sydd i'w gael mewn llawer cyfansoddiad ysgrifenedig neu, yn wir, argraffedig. Yn y cyd-destun canol-oesol, a'r ffiniau rhwng y llafar a'r ysgrifenedig yn llai pendant nag y maent heddiw, nid am destun haearnaidd o sefydlog yr ydys yn synied ond yn hytrach am gyflwyno cyfansoddiad awdur i ofal cynulleidfa a fydd â rhan yn ei ddatblygiad. Os yw pob perfformiad neu ddatganiad llafar yn 'destun' dilys, bydd pob copi yntau yn destun cydnabyddedig. Gwendid y feirniadaeth destunol glasurol sy'n canolbwyntio ar fwriad yr awdur cyntaf yw peidio ag ystyried agwedd yr oesoedd canol at berchenogaeth destunol ac anwybyddu amgylchiadau'r trosglwyddo a chyfraniad creadigol a golygyddol cynulleidfa ac ysgrifwr.[3] Y mae'r awdur yn bod: nid rhith yw'r cyfansoddiad gwreiddiol, ond y mae'r amodau pan ellir ei atgynhyrchu yn brin ac yn gyfyng. Gorchwyl anodd y golygydd yw derbyn y cyfyngiadau a osodir arno gan natur a nifer y copïau heb golli golwg ar fodolaeth cyfansoddiad a oedd yn ffrwyth meddwl a dawn unigolyn; ac yna chwilio ffordd i gyflwyno'r ddeubeth i'w gynulleidfa ei hun.

Fel yr awgrymwyd eisoes, nid yr un yw'r sefyllfa yn achos testunau rhyddiaith Gymraeg a barddoniaeth. Y mae testunau rhyddiaith yn hwy, y mae'r elfen gyhoeddus ynddynt yn llai, ac nid yw'r copïau mor niferus. Ar un olwg, gellid disgwyl bod y cysyniad o destun sefydlog yn amlycach yma, ac yn achos cyfieithiadau yn anad unrhyw fath arall o ryddiaith, gan eu bod yn gyfansoddiadau unigol ac yn llai dibynnol ar grefft gyhoeddus a dulliau trosglwyddo poblogaidd. Ond canfyddir yn nhraddodiad testunol cyfieithiadau ddigon o enghreifftiau o gyfnewidiadau sy'n seiliedig ar ystyriaeth copïwyr o ddarlleniadau amgen mewn copïau gwahanol o'r testun a gyfieithir, o ddylanwad trosiadau eraill o hwnnw, ac o newidiadau geiriol – cywiriadau yn eu plith – ac arddulliol (heblaw, wrth reswm, wallau copïo). Ni feddai testun mor unigryw â chyfieithiad o waith penodol awdurdod diamod. Yn hytrach, gorweddai'r awdurdod nid yn y cyfieithiad ond yn y llyfr a gyfieithid, fel y dengys sylw megis hwnnw yn *Brut Dingestow* (Lewis 1942: 185):

'Ac ny dyweit y llyuyr amdanav a uo diheuach na hyspyssach no hynny.' Yr un apêl at awdurdod ffynhonnell eithaf y tu allan i'r cyfieithiad ei hun yn hytrach na ffynhonnell uniongyrchol yr ysgrifwr a welir yn y cyflwyniad i *Cyfranc Lludd a Llefelys* yn llawysgrif Llanstephan 1 (Roberts 1975: xv): 'megys y dyweyt rey o'r kyvarwydyeyt'. Felly hefyd gyda gweithiau rhyddiaith sy'n tarddu yn y pen draw o lên lafar ac sydd, fe ymddengys, yn adlewyrchu chwedl lafar neu'n tynnu ar elfennau poblogaidd. Y mae'r rhain, wrth gael eu hysgrifennu, yn gyfansoddiadau gwreiddiol ac iddynt eu hawduron. Beth bynnag oedd eu cyswllt â llenyddiaeth lafar draddodiadol, ar femrwn y cawsant eu ffurf gyntaf, ac yn ein dydd a'n hoes ni dyma'r math o gyfansoddiad a ystyrir yn gynnyrch sefydlog sy'n eiddo i awdur. Digon tenau yw traddodiad llawysgrifol y chwedlau Cymraeg Canol, a'r tystion yn brin ac yn anghyflawn; er hynny y mae'n eglur na phetrusai ysgrifwr newid arddull, geirfa ac, i raddau, gynnwys y cyfansoddiadau hyn.[4]

At ei gilydd, cymhwysid at olygu rhyddiaith Gymraeg Canol, yn chwedlau ac yn gyfieithiadau, yr un egwyddorion golygyddol ag a ddatblygwyd yn y feirniadaeth destunol glasurol a beiblaidd. Dilynid y dull stemataidd a chymryd testun y llawysgrif 'orau' yn sail, lle'r oedd hynny'n bosibl, i olygiad cyfansawdd. Lle y cymerid un llawysgrif i'w hargraffu, nid oedd gwarafun i olygydd newid darlleniad yng ngoleuni copi arall neu hyd yn oed i greu darlleniad newydd sbon 'cywirach', 'mwy synhwyrol'. Ymgais at olygiad cyfansawdd yn seiliedig ar yr un llawysgrif a darlleniadau amrywiol, ond gydag ambell 'ddiwygiad' golygyddol, oedd *Gwassanaeth Meir* (Roberts 1961), ond dyma hefyd sut y diwygiwyd, er enghraifft, 'ac eueyd uab don' J111, ac 'o a euyd uab don' P4, yn 'a Gwydyon uab Don' ym mabinogi *Math* (I. Williams 1930: 67); 'y gelwit gwyr llydaw brytaen' J111, yn 'y gelwit gwyr Brytaen, Llydaw' yn *Breudwyt Maxen* (I. Williams 1908: 12); 'ac ny welei dyn o'e ardwrn' J111, yn 'Ac ar a welei dyn o'e ardwrn'; a 'gwrwrach' J111 yn 'gwrach' yn *Breudwyt Ronabwy* (Richards 1948: 6, 2). Cyflwyno testun sy'n cynrychioli bwriad awdur, fel y'i deellir gan y golygydd, yw amcan golygu yn y traddodiad hwn, er bod y copïau llawysgrif a'u darlleniadau amrywiol yn dystiolaeth nad oedd cyfoedion awdur na'i olynwyr yn synied am gyfansoddiad fel rhywbeth awdurdodedig, sefydlog. Cysyniad llenyddol-ysgrifenedig yw hwnnw, sy'n ymwneud ag awdurdod a pherchenogaeth cyfansoddiad: nid arwynebol yn y cyswllt hwn yw cysylltiad *awdur* ac *awdurdod*. Bellach y mae'r gair ysgrifenedig (printiedig yn arbennig) â'i gysondeb ynddo'i hun: y mae'n gyflawn, heb fod ganddo gysylltiadau angenrheidiol y tu allan iddo'i hun. Daeth y llyfr, mewn cymdeithas fwy llythrennog, i ddynodi awdurdod y cynhyrchiad ei hun, a gwedd ar yr awdurdod hwnnw yw'r newid ymagwedd sy'n prisio sefydlogrwydd a chysondeb testunol. Pwysigrwydd *Peredur* yng nghyd-destun y bennod hon yw bod amrywiaeth y testunau llawysgrif yn fwy trawiadol yma na chyda'r un o'r chwedlau eraill ac felly'n caniatáu inni weld ar waith yr hyn a alwyd gan George Bornstein (1993: 3) yn 'shifting and multiple authorial intention'.

Y mae'r stori ar gael mewn pedair o lawysgrifau canoloesol sydd, y mae'n amlwg, yn cynrychioli'r un cyfansoddiad ysgrifenedig. Er hynny, y mae cymharu'r agoriad yn P4/J111 a P14 yn dangos sut y gall golygydd o ysgrifwr weddnewid y naratif trwy fywiogi'r disgrifiadau a chryfhau ansawdd yr ansoddeiriau: y mae'n ail-lunio hanesyn y geifr a'r ddwy ewig i danlinellu diniweidrwydd a gorchest Peredur tra bo ei sylwadau ar fywyd y marchog a'r twrnamaint yn dwyn elfen o feirniadaeth gymdeithasol i'r hanes. Newidia gystrawen ambell frawddeg i fynegi pwyslais ac y mae craffter y sylw – 'ar keffyl kryfuaf a weles' yn cael ei newid i 'a cheffyl brychwelw yscyrnic kryfaf a tebygei' – yn dwyn i gof ddawn awdur *Pedeir Keinc y Mabinogi* (er y gellid dadlau mai diffyg crebwyll llenyddol oedd symud y disgrifiad 'brychwelw yscyrnic' o olygfa dyfodiad Peredur i lys Arthur lle y mae'n elfen bwysig yn y rhyddhad a deimla'r marchogion). Drwodd y mae adroddiad P4/J111 yn helaethach nag eiddo P14. Nid yw'r gwahaniaethau geiriol rhwng P4/J111 a P7, y llawysgrif ganoloesol arall, mor drawiadol, ond o safbwynt ystyried y cysyniad o destun y mae'r ffordd y gwahaniaetha'r ddwy lawysgrif yn fwy arwyddocaol. Y mae P4/J111 yn adrodd hanes bachgendod Peredur hyd ei ddyfodiad i lys Arthur: y mae cyfres o anturiaethau'n dod i'w ran nes iddo o'r diwedd gyrraedd llys Ymerodres Cristynobyl lle y mae'n trigo am bedair blynedd ar ddeg. Yn yr adran nesaf y mae Peredur yn llys Arthur ac yn ymgymryd â nifer o anturiaethau sy'n cyrraedd uchafbwynt gyda'i ddychweliad i Gaer yr Enrhyfeddodau lle y gwelsai gynt, yn ystod ei anturiaethau cyntaf, orymdaith hynod y waywffon waedlyd a'r pen ar y ddysgl, ac fe esbonnir y cyfan, ynghyd ag ystyr gudd ei anturiaethau. Y mae P14 yn llawysgrif ddiffygiol a ddaw i ben ar ganol brawddeg yn hanes anturiaeth gyntaf Peredur. Ni wyddys, felly, sut y diweddai'r chwedl. Diffygiol hefyd yw P7. Y mae dail ar goll ar y dechrau a dalen yng nghorff y llawysgrif: daw'r hanes i ben gyda thrigias Peredur gyda'r Ymerodres. Nid diffyg yn y llawysgrif sy'n cyfrif am hyn: dyma ddiwedd y testun. Teg gofyn, felly, beth yw testun *Peredur*. A allwn sôn am gopi cyflawn a chopi anghyflawn, ai am fersiwn hir a fersiwn fer?

Dichon nad yw'n gwestiwn y gellir ei ateb yn ddiwrthdro ond, er hynny, y mae'n un sy'n ganolog i'n dehongliad o'r chwedl, ei thema a'i *sens*, sef priod nod y beirniad testunol yn ôl Vinaver.[5] Bydd yr ateb yn diffinio'r stori ac felly'n cyfrannu at y farn am lwyddiant y naratif, ei strwythur a'i nodweddion llenyddol. Os yw'r dychweliad i Gaer yr Enrhyfeddodau yn hanfodol i resymeg y chwedl, yna yng ngoleuni *Perceval* Chrétien de Troyes a'r cerddi sy'n ei pharhau y mae darllen a deall *Peredur*. Beth bynnag a ddywed hynny am ffynonellau'r cyfansoddwyr Cymraeg a Ffrangeg, y mae'n golygu mai priodol yw sôn am fersiwn gyflawn P4/J111 a fersiwn anghyflawn P7, ac mai P4/J111 sy'n cynrychioli orau fwriadau'r awdur gwreiddiol, diben ymchwil y beirniad testunol clasurol.

Nodwedd yn *Peredur* y sylwyd arni droeon yw ei bod yn stori sy'n symud trwy gyfres o episodau ac adrannau sy'n bur amlwg a hawdd eu diffinio. Gellir eu hadnabod nid yn unig yn ôl datblygiad y naratif ond hefyd yn ôl fel y defnyddir ymadroddion confensiynol i agor a chloi episodau neu i newid golygfa. Er mai o episod i episod y symud *Peredur* cynhelir yr ymwybod â chyfeiriad ac anelu at ryw ddiweddglo gan ymadroddion megis 'ac yd aeth Peredur racdaw', 'ynteu Peredur a gerdawd racdaw', 'a chychwynu racdaw ymdeith', 'ac ynteu Peredur a gerdwys racdaw y ymdeith', sy'n dynodi camau – yn llythrennol – yn yr adrodd. Y mae blociau eraill sy'n fwy sylfaenol yn cael eu dynodi 'A diwrnawd'. Adroddwr a lluniwr testun sydd yma yn dilyn confensiynau arddulliol i fynegi ffurf a symudiad ei chwedl. Ond y mae'n amlwg bod y patrwm episodaidd yn rhan o strwythur dyfnach yr adrodd ac yn fwy sylfaenol nag arferion crefft storïa, oherwydd trwy'r cyfan llys Arthur yw'r man canol lle y mae digwyddiadau'n dechrau ac yn diweddu a hwn yw cyfeiriad y symud. Trwy gydol crwydriadau Peredur y mae'r darllenydd yn cael ei atgoffa'n barhaus fod Arthur a'r llys yn ceisio newyddion amdano. Daw isadrannau'r chwedl i'w diweddglo pan ddaw'r llys i ba le bynnag y mae Peredur neu pan ddychwel ef i'r llys; hynny yw, pan gydgyferfydd pryder y llys a hynt yr arwr, a'r holi a'r presennol naratif yn dod at ei gilydd. I Gaerllion yr anfonir Peredur gan ei fam;[6] pan holir o ble y daw Peredur, ei ateb cyson yw 'o lys Arthur'; ac yno yr anfonir y marchogion a drecha. Pan fydd yntau wedi ennill ei le fel marchog trwy ei orchest ag arfau, ei wasanaeth sifalrïaidd a'i ymwybod â grym serch, ac yn fwy penodol wedi cyflawni ei adduned i ddial sarhad Cai ar y cor a'i wraig, i lys Arthur y mae'n dychwelyd (HP 35.22–3): 'ac ymchoelut a orugant parth a Chaer Llion'. Y mae episod Angharad yn dilyn yn union, yn ail bennod yr un hanes ('A'r nos gyntaf y doeth Peredur i Gaer Llion y lys Arthur . . . Nachaf Agharat Law Eurawc yn kyfaruot ac ef': HP 35.24–7), a daw hwnnw i ben wedi ei holl anturiaethau pan yw Peredur yn dal cymdeithas â Gwalchmai ac Owain a phawb o'r teulu: 'Ac y trigywys yn llys Arthur' (HP 42.17–18). Y mae'r paragraff nesaf yn agor: 'Arthur a oed yg Kaer Llion ar Wysc a mynet a wnaeth y hela a Peredur gyt ac ef' (HP 42.19–20), a daw'r adran hon i ben gyda Pheredur yn 'gwladychu' gyda'r Ymerodres bedair blynedd ar ddeg, 'megys y dyweit yr ystorya' (HP 56.15). Egyr yr adran olaf heb unrhyw frawddeg gysylltiol na golygfa agoriadol i esbonio'r newid lleoliad yn yr hanes: 'Arthur a oed yg Kaer Llion ar Wysc, priflys idaw' (HP 56.17–18), agoriad sy'n dwyn i gof frawddegau cyntaf mabinogi *Pwyll*. Nid yw'r stori'n diweddu yn llys Arthur ond yn hytrach daw Arthur a'r teulu i Gaer yr Enrhyfeddodau i ymladd â'r gwiddonod ac i ymuno â Pheredur.

Y mae bron pob beirniad wedi cydnabod strwythur episodaidd Peredur, er nad yw pob un yn cyd-weld ar union fanylion y rhaniadau.[7] Yr hyn sy'n bwysig yn yr astudiaethau hyn yw'r syniadau a fynegir ynglŷn â sut y perthyn y darnau i'w gilydd, neu a ydynt yn gysylltiedig, oherwydd y mae strwythur ac ystyr (neu thema) yn cydblethu yn y stori mewn ffordd nad ydyw mor hanfodol yn y 'rhamantau' eraill a bydd y casgliadau y deuir iddynt yn lliwio barn am ddoniau'r 'awdur' ac am allu ei gynulleidfa i ymateb. Y mae perygl mai dadl gylch fydd hon wrth i'n syniadau am y berthynas â *Perceval* fod yn sail i'n hymagwedd at undod y stori Gymraeg. Tybiaf fod modd darllen *Peredur* gydag adran A yn diweddu gyda'r dychweliad cyntaf i lys Arthur (HP 35.23); y mae hanes Angharad a phopeth arall hyd drigias yr arwr gyda'r Ymerodres yn adran B (HP 42.18); adroddir hanes y dychweliad i Gaer yr Enrhyfeddodau yn adran C.[8] Ymddengys mai dyma sut y mae disgwyliadau naratif y darllenydd modern yn amgyffred y stori, a gellir cyfiawnhau'r darlleniad hwn ar sail y marcio strwythurol sydd yn y dychweliadau i lys Arthur. Y mae iddo gyfiawnhad, hefyd, os yw'r gymhariaeth â *Perceval* (neu os yw *Perceval* yn cynrychioli ffurf gyflawn y chwedl) yn allweddol, canys fel y sylwyd droeon, y mae'r adran gyntaf yn cyfateb *yn fras* i adran gyntaf *Perceval* ac adran C yn cyfateb yn fanylach. Yn ôl y dybiaeth hon, y mae adran C yn hanfodol i stori gydlynol gan fod esbonio dirgelwch Caer yr Enrhyfeddodau, y cwestiwn nas gofynnwyd a'r gwiddonod, yn angenrheidiol i hanes synhwyrol.[9] O gymryd A ac C ynghyd dadleuir mai stori ddial yw *Peredur*, hanes mab a dynghedwyd i ddial anffodion ei deulu.[10] Y mae tynged a dial yn gysyniadau yn y chwedl (e.e. 'Tyghetuen a gweledigaeth yw im godef gouut y genhyt', HP 30.6–7; 'Dall uu y tyghetuen pan rodes itti dawn a chlot', HP 57.11; 'a dywedut pan yw Peredur oed gwr a uuassei yn dyscu marchogaeth gyt ac wy yd oed tyghet eu llad', HP 70.20–2) a *typus* ('cysgod') o ddial lladd ei dad a'i frodyr yw bod Peredur yn dial sarhad y cor a'r gorres. Thema ganolog y stori hon yw hanes llanc gwladaidd yn gweithio allan, heb iddo wybod hynny, ei dynghedfen ei hun sy'n gyfrinach rhagddo. Yn adran A adroddir ei addysg, ei hyfforddiant a'i aeddfedu soffistigedig fel y bo'n gymwys i gymryd ei le yn llys Arthur ac i ymgymryd â'r her pan ddaw. Yn llys yr ail ewythr y daw honno ond nid yw Peredur eto yn ei hadnabod. Yn adran C y daw'r cyfan yn eglur yng nghyfaddefiad y gwiddonod a'r gwas melyn. Yn ôl y darlleniad hwn, A ac C yw'r *Peredur* hanfodol, chwedl y mae iddi – er gwaethaf ei chrwydro arwynebol – siâp naratif, symudiad rhesymegol a diweddglo sy'n bodloni. Y mae adran B yn amherthnasol, yn torri ar draws llif yr adrodd, a gellir ei hesbonio yn gyfres o anturiaethau traddodiadol Cymreig a gysylltid â Pheredur ac a ddefnyddiwyd gan y lluniwr Cymraeg i helaethu statws arwr stori A ac C a ddefnyddiwyd gan Chrétien de Troyes.

Ond nid yw naratif A ac C mor gadarn ag a awgrymir gan yr

amlinelliad hwn. Ychydig o frawddegau brysiog yw'r *dénouement*, rhes o frawddegau carlamus sy'n gwanhau yn hytrach nag yn cryfhau effaith golygfa y disgwylid iddi fod yn ddatguddiad dramatig sy'n esbonio cyfrinach hynt Peredur a phenbleth y darllenydd. Yn wir, prin yw'r elfen esboniadol. Erys yr orymdaith yn gymaint o ddirgelwch ag o'r blaen, ni chynigir eglurhad ar yr anturiaethau cynnar a'r paradocsau, ac y mae'r stori yn gymaint o ddirgelwch ar y diwedd ag ydoedd ar y dechrau. Y mae fel pe bai'r lluniwr wedi ceisio tynnu'r edafedd at ei gilydd yn frysiog i ddarparu diweddglo taclus gan anwybyddu'r hyn na ellid ei gynnwys. Gwahanol yw'r disgrifiadau o'r waywffon a'r orymdaith yn A ac C: ni roddwyd yr enw 'Caer yr Enrhyfeddodau' ar y castell yn A ac nid oes awgrym yno y gallesid iacháu'r ewythr o ofyn y cwestiwn. Nid oedd y tir diffaith yn thema yn A fel yn C. Os oes angen adran C i gwblhau adran A, prin ei bod yn argyhoeddi, a dengys holl arwyddion casglu defnyddiau at ei gilydd er mwyn cwblhau chwedl y tybid ei bod yn anghyflawn. Darllen *Peredur* gyda'r rhagdybiaeth bod angen adran C arni i gyflawni'r thema sydd wedi arwain rhai beirniaid i fod mor llawdrwm arni, megis Loomis (1963: 92) a'i hystyriai yn 'singularly incoherent narrative', neu Jean Marx (1961: 92), a fynnai 'sa trame est lâche et son récit mal réglé'.[11]

Nid oedd ysgrifwyr y Llyfr Gwyn a'r Llyfr Coch yn gweld y rhaniad triphlyg hwn, a barnu wrth eu defnydd o briflythrennau. Y mae'r stori'n agor ag E fawr ('Efrawc iarll'), a daw'r briflythyren nesaf (A fawr, 'Arthur a oed yg Kaer Llion ar Wysc') wedi'r cymodi ag Angharad. Y mae'r adran gyntaf yn cloi nid yn syml gyda'r dychweliad i lys Arthur (a oedd wedi digwydd yn gynharach) ond gyda'r ailsefydlu yn y llys a ddynodir gan y 'dal cymdeithas' a'r 'trigo'. Yr hyn a bwysleisir yw swyddogaeth Caerllion fel norm y bywyd llysaidd a sail derbyniad yr arwr i'r gymdeithas lysaidd. Y mae hanes perthynas Peredur ag Angharad yn gam tuag at yr aeddfedu ac yn rhan annatod o'i ddatblygiad.[12] Nid amherthnasol yw'r rhan hon i wead y stori ac y mae iddi arwyddocâd yn ei rhinwedd ei hun, nid fel ychwanegiad cynorthwyol i A–C.

Nid atodiad yw'r hyn sy'n dilyn chwaith. Nid oes dim i awgrymu bod ysgrifwr P7 yn anfodlon ar ei gopi: i'r gwrthwyneb, diwedda ei destun â'r ymadrodd confensiynol, 'Ac yna y bu ef ygyda ar amerodres pedeir blyned ardec Ac y velly yt'vyna kynnyd paredur ap Efrawc' (WM 648.33–6). Y mae mwy nag un fformiwla cloi yn y chwedlau Cymraeg (gweler Davies 1995: 134–7). Y mae *Pedeir Keinc y Mabinogi* yn unigryw:

> Ac yuelly y teruyna y geing honn o'r Mabinogi. (I. Williams 1930: 92)

neu rywbeth tebyg. Mwy cyffredin yw cael ymadrodd sy'n enwi'r chwedl:

> A'r chwedyl hwn a elwir Chwedyl Iarlles y Ffynnawn. (Thomson 1968: 30);

> A'r chwedyl hwnn a elwir Kyfranc Llud a Lleuelys. Ac uelly y teruynha. (Roberts 1975: 6);

> A'r chwedyl hwnn a elwir Breudwyt Maxen Wledic, Amherawdyr Ruuein. Ac yman y mae teruyn arnaw. (I. Williams 1908: 12).

Y mae *Culhwch ac Olwen* yn dilyn confensiwn wahanol:

> Ac uelly y kauas Kulhwch Olwen merch Yspadaden Pennkawr. (Bromwich ac Evans 1988: 42).

Ymhob un o'r rhain y mae hanfod y chwedl yn cael ei chrynhoi yn deitl. Gellir defnyddio'r un dull i gyfeirio at episod oddi mewn i chwedl hwy:

> Ac o achaws y carchar hwnnw, y gelwit y kyuarwydyt hwnnw, Mabinogi Mynweir a Mynord . . .

sef un hanesyn, ond nodir diwedd y stori gyfan:

> Ac yuelly y teruyna y geing honn yma o'r Mabinogy. (I. Williams 1930: 65).

Brawddegau olaf fersiwn P4/J111 o *Peredur* yw:

> Ac yna y trewis Arthur a'e teulu gan y gwidonot ac y llas gwidonot Kaer Loyw oll. Ac velly y treythir o Gaer yr Ynryfedodeu. (HP 70.23–5)

Gellir deall hyn yn enghraifft arall o ddull *Culhwch ac Olwen* o derfynu stori, fod y thema ganolog yn cael ei chrynhoi mewn un ymadrodd diweddol. Ond yn *Culhwch ac Olwen* ni chollir golwg byth ar linyn y stori ac ysgogiad pob digwyddiad. Y mae hon yn chwedl syml iawn ei rhediad, a'i hystyr yn eglur bob cam o'r ffordd drwyddi. Tybed, felly, nad â dull mabinogi *Manawydan* y dylid cysylltu diweddglo P4/J111, fod yma gyfeiriad at gwblhau episod neu ran o chwedl ond nid at orffen chwedl gyfan, a arwyddid gan fformiwla 'derfynu'?

Eithr i ysgrifwr P7 nid oedd amheuaeth: iddo ef yr oedd y naratif yn gyflawn ac y mae'n rhydd i ddefnyddio'r fformiwla 'derfynu'. Stori Paredur (ei ffurf arferol ef ar yr enw) i'r lluniwr hwn yw hanes y marchog sy'n ennill ei le yn briod yr Ymerodres. Y mae copïwyr y fersiwn hir yn cadarnhau'r darlleniad hwn yn y modd y defnyddiant briflythrennau wrth agor y chwedl ac wrth agor yr adran sy'n arwain at berthynas yr arwr a'r Ymerodres. Yn fwy na hynny, lle y mae P7 yn sôn 'y bu ef ygyda ar amerodres', dweud y mae P4/J111 'y gwledychwys Peredur gyt a'r amherodres', sy'n fwy pendant ac yn egluro'r gair 'kynnyd' sydd yn niweddglo P7. Rhaid cymryd y ddau ymadrodd, 'bod gyda' a'i gysylltiadau rhywiol[13] ynghyd â 'gwledychu' a 'cynnydd', i ddeall mai ffurf ar fyth sofraniaeth yw hyn. Term technegol yw 'cynnydd' sy'n dynodi ennill tiriogaeth yn rhan o lywodraeth: gall gyfleu'r tir ei hun ond yn sylfaenol y weithred o ennill a meddiannu hawl ydyw.[14] O gymryd y geiriau hyn gyda'i gilydd ('bod gyda', 'cynnydd', 'gwledychu') gwelir mai hanes Paredur yn ennill llywodraeth gyda'r Ymerodres yw'r chwedl ym meddwl lluniwr y fersiwn fer a bod ei chwedl yn gyflawn. Y mae elfennau eraill o'r myth yn y chwedl ond nid yw maentumio mai hon yw thema'r fersiwn fer yn golygu ei bod hefyd yn esbonio'r hir.[15]

Y mae stori P7 yn rhamant dderbyniol, heb fod yn fwy crwydrol na llawer rhamant a *chanson de geste* arall. Stori dynn, gyson a chlòs am addysg arwr yw adran A, sy'n cyflwyno elfennau yn yr aeddfedu, megis y llw i ddial ar Gai, y profiad o lesmair serch a'r ffyddlondeb i Angharad, sy'n cymhwyso'r arwr i drigo yn llys Arthur yn farchog urddol gwirioneddol ac felly'n barod i ymgymryd â'i gais (*queste*) personol ef ei hun sy'n agor gyda digwyddiad traddodiadol yr helfa. Byddai cynulleidfa ganoloesol yn gallu dygymod â'r elfennau anorffenedig a'r dirgelion mewn ffordd sy'n fwy anodd i ddarllenwyr modern. Y mae gorymdaith y waywffon a'r ddysgl mor rhyfedd ac mor amherthnasol i ddatblygiad y naratif ag yw'r grafanc sy'n dwyn ebolion Teyrnon bob nos calan Mai ym mabinogi *Pwyll,* ac erys yr anghenfil clwyfedig hwn heb ei esbonio a heb ran bellach yn y stori. I ni, *Peredur* a'r 'mabinogi', i bob pwrpas, yw cyfanswm ein gwybodaeth am Beredur ac am Bwyll (er inni gribinio'r trioedd, yr achau a'r cerddi am dameidiau i'w hychwanegu at y darlun). Ni feddwn gyd-destun, y gefnlen traddodiad, yr wybodaeth gymunedol (*cyfarwyddyd*) sy'n sicrhau'r atseinio diwylliannol a fyddai yn ymateb y gynulleidfa Gymraeg gyfoes. Bodolai'r arwr mewn corff o chwedlau, casgliad hyblyg ac agored, nid olyniaeth gaeedig, a gellid cyfeirio at episodau yn y corff hwnnw o ddefnyddiau er nad oedd eu hangen, efallai, yn y chwedl a adroddid ar adeg arbennig. Nid elfennau anorffenedig, dyrys ein darlleniad ni yw'r rhain, eithr bachau i'r adroddwr gynnig, neu i'r gynulleidfa fynnu, chwedlau eraill, ac i ddyfnhau ystyr chwedl trwy ei gosod yn ymwybyddiaeth ddiwylliannol y gwrandawyr.[16] Y mae i gorff o draddodiad neu gasgliad o chwedlau ei gysondeb ei hun yn gymaint â bod y deunydd oll yn ymwneud â'r un arwr. Yn unigol, y maent yn annibynnol ac ar wahân, yn ymddangosiadol anghyson yn fewnol ond yn gyson â'r corff y maent yn rhan ohono. Yno, y tu allan i'r testun unigol, y mae'r awdurdod. Gellir synied am draddodiad byw nid fel ffrâm linynnol gronolegol ond megis pwll o chwedlau, bob un yn 'stori arall am X'. Y mae fersiwn fer *Peredur* yn diweddu â'i gynnydd gyda'r Ymerodres. Beth bynnag arall a ddigwyddodd i Beredur, stori arall yw honno, ond nid parhad.

Y mae lluniwr y fersiwn hir wedi ceisio cynorthwyo ei ddarllenwyr trwy roi iddynt gyfres ddiweddol o anturiaethau wedi ei sylfaenu ar chwedl Caer yr Enrhyfeddodau a chan ddefnyddio *Perceval.* Y mae ei agwedd yn hanfodol wahanol i eiddo lluniwr y fersiwn fer. Meddwl y mae ef yn nhermau testun sefydlog a'i ddarllenwyr, ac amdano'i hun fel awdur yn cysoni ac yn rhesymoli defnyddiau amrywiol. Os yr un person yw'r golygydd hwn â'r un sy'n gyfrifol am 'welliannau' arddull a sylwadau beirniadol testun P4/J111, gellir amgyffred mor drwyadl y llwyddodd i berchenogi'r gwaith a oedd o'i flaen. Yr oedd lluniwr testun P7 yn nes at fyd y traddodiad byw, yn ymwybod â chefndir ei gynulleidfa ac yn derbyn yr ystwythder a roddai hyn iddo wrth adrodd y chwedl. Y mae'r gwendidau a ganfyddir yn rhan olaf y fersiwn hir yn adlewyrchu anawsterau'r lluniwr yn ei swyddogaeth fel awdur testun ysgrifenedig. Ond yn bwysicach na hynny, yr hyn a wnaeth trwy fynnu dwyn adran C i mewn oedd creu stori newydd, lle y mae'r orymdaith a Chaer yr Enrhyfeddodau yn llinyn llywodraethol yn hytrach na chynnydd Peredur a fuasai'n thema'r fersiwn fer.

Rhaid derbyn y ddwy fersiwn yn rhai dilys a chyflawn, ond rhaid hefyd eu darllen, y naill a'r llall, ar eu telerau eu hunain, oherwydd er bod ganddynt lawer yn gyffredin a'u bod yn tynnu ar yr un cyfansoddiad, y maent bellach yn ddwy stori wahanol. Eithr o'u cymharu â'i gilydd, dichon y gallant ein cynorthwyo i chwilio'n fanylach y symud o'r chwedl draddodiadol i agweddau a chysyniadau sy'n ymwneud mwy â llyfrau, o destun hyblyg sy'n eiddo i bawb i destun sefydlog ac awdur(dodedig).[17] Rhan o ddiddordeb *Peredur* yw ei fod yn amlygu'r hyn a alwodd George Bornstein (1993: 3) yn 'shift from product to process' yn ein cysyniad o destun.

Nodiadau

[1] Gweler Maas (1958: 1): 'Basic Notions. The business of textual criticism is to produce a text as close as possible to the original . . . if it [transmitted text] proves not to give the original, we must try to reconstruct the original by conjecture (*divinatio*) or at least to isolate the corruption'; a cf. Kleinhenz (1976: 275), yn sôn am destun beirniadol: 'the text is allowed to speak for itself and can be presumed to fulfill the original intention of the author'. Daeth Maas yn glasur y feirniadaeth hon a gwaith W. W. Greg (1950) yntau yn ddylanwadol. Gweler hefyd Reynolds a Wilson (1968).

[2] Cawn Vinaver (1976: 159) yn sôn am le *ratio* yn arfogaeth y beirniad testunol: 'the ultimate task of the critic lies . . . in using it for the purpose of a better understanding of the texts as they are instead of letting it invade the province of emendation in which it can do so little . . . and we should certainly bring textual criticism much nearer the real object of any science, which is to explain, not to alter, reality.'

[3] Cf. Bornstein (1993: 2): 'Against such absolutist claims, recent textual scholarship has instead pressed the cause of contingency.' Gweler hefyd Jerry Hunter (1995), sy'n cyfeirio at y testun fel cyfanswm yr amrywiadau, gan ddyfynnu syniadau Paul Zumthor am *mouvance* (neu *variance*) y testun, a damcaniaethau Roland Barthes. Crynhoir

ymagwedd y beirniaid diweddar yn nhermau Bornstein, sy'n sôn am 'ddamcaniaeth yr amrywiadau' ac am natur balimpsestaidd testunau. (Dyledus wyf i'r Dr E. Wyn James am ddwyn erthygl Jerry Hunter i'm sylw.)

[4] Am enghreifftiau o amrywiaeth sylweddol rhwng fersiynau o chwedlau gweler Thomson (1971, 1997) a Thomas (1997).

[5] Gweler n. 2 uchod.

[6] Nid enwir Caerllion yma ond y mae'n ymhlyg o'r hyn sy'n dilyn mai yno y mae llys Arthur.

[7] Ceir dadansoddiadau o *Peredur* gan M. Williams (1909), Thurneysen (1912), Foster (1959), Marx (1963), Goetinck (1961, 1975, 1976), a Lovecy (1991).

[8] Dyma ddadansoddiad M. Williams (1909).

[9] Gweler Marx (1963). Dyma'r farn a gyflwynais innau yn 1976.

[10] Gweler, e.e., M. Williams (1909), Loomis (1949: 394–414), Marx (1963) a Bromwich (1978: 490–1).

[11] Cf. Marx (1963: 106). Y mae Lloyd-Morgan (1981) a Bollard (1986) yn canfod mwy o unoliaeth yn y stori gyfan na beirniaid eraill.

[12] Yn anffodus y mae agoriad yr episod wedi ei golli o P7.

[13] Cf. geiriau Syberw Llannerch, 'a ryfu ef genhyt ti?' (HP 11.14), sy'n cyfleu ystyr wahanol i'r grym niwtral sydd i 'pwy a ryfu yma gwedy mifi?' (HP 11.10–11).

[14] Cf. yr amrywiaeth yn niweddglo *Ystoria Gereint* lle y defnyddia P4/J111 'gwledychu' a P6.iv a iii 'y bu gynnyd'. Ar 'cynnydd', cf. teitl 'cerdd o anogaeth i'r Llywelyn ap Gruffudd ieuanc ar ddechrau ei yrfa . . . yn rhestru ei feddiannau' gan Dafydd Benfras (Costigan 1995: 519).

[15] Ar y ddamcaniaeth mai myth sofraniaeth sy'n thema gynhaliol *Peredur* gweler Goetinck (1961) ac ymateb Lovecy (1978). [Cymharer hefyd ddehongliad Knight yn y gyfrol hon (goln).]

[16] Anodd gwybod faint o arwyddocâd y dylid ei roi i'r cyfeiriad at Walchmai, Gwair ac Owain 'yn ymlit y marchawc a ranassei yr aualeu yn llys Arthur' ar ddechrau'r chwedl (HP 8. 14–15).

[17] Nid wyf wedi mynd ati i gymharu gramadeg ac arddull P7 a P4/J111 ond dichon y dangosai'r gymhariaeth honno weddau eraill ar y symudiad hwnnw. Ar natur 'agored' y testun llawysgrifol, cf. sylwadau Bruns (1980), er na fyddwn yn cytuno mai wrth i destunau argraffedig ddisodli'r traddodiad llafar y daw awduron, awduraeth ac awdurdod i'r golwg.

CYNNYDD *PEREDUR VAB EFRAWC*

Sioned Davies

'Mae Evan Thomas', medd ei gofiannydd am un o weinidogion Casnewydd, 'yn fwy na'i gyfrol, ac yn fwy na'i bregethau. Nis gellid gwasgu y fath ddyn i fyw mewn croen llo' (W. Jones 1895: 78). Sylw tebyg a wneir gan R. Tudur Jones (1983: 119) wrth drafod perfformiadau John Elias a Christmas Evans:

> mae'n amhosibl atgyfodi cyfaredd llais ac ystum, nac ychwaith yr angerdd ysbrydol a ysgogai'r areithio. Er mor awgrymog eu pregethau'n aml yn y gair printiedig, dihangodd y gyfrinach hanfodol.

Gellid dweud yr un peth am ein chwedlau canoloesol: yr oeddent unwaith yn rhan o gynhysgaeth y storïwr llafar, eithr bellach y maent wedi eu caethiwo i femrwn. Serch hynny, gellir dod i ddeall ychydig o'r 'gyfrinach hanfodol' wrth ddadansoddi'r gair printiedig, neu ysgrifenedig yn y cyswllt hwn, a hynny yng nghyd-destun llenyddiaeth lafar. Y mae Geraint Gruffydd (1980: 3) yn llygad ei le pan ddywed:

> Mae angen technegau beirniadol arbenigol i fynd atynt [y pregethau] oherwydd fod eu sefyllfa fel llenyddiaeth yn amwys – i'w gwrando y lluniwyd y rhan fwyaf ohonynt ac nid i'w darllen, ac y mae gofynion y gwrandawr yn aml yn wahanol i ofynion y darllenydd.

Y mae troi at faes theori perfformio o gymorth wrth chwilio am y 'technegau beirniadol arbenigol' hyn, yn union fel y gwnaethpwyd gyda thestunau fel yr *Iliad*, yr *Odyssey* a *Beowulf* (Foley 1992, 1995). Ers y 1970au, dechreuodd ysgolheigion ym maes anthropoleg a llên gwerin edrych o'r newydd ar lenyddiaeth lafar.[1] Dadleuwyd na ddylid bod yn destun-ganolog: y mae'r 'perfformiad' – y 'digwyddiad' – yn fwy na'r testun neu'r sgript, a rhaid, felly, yw rhoi sylw i nodweddion fel lleoliad y perfformiad, symudiadau'r corff, y berthynas rhwng y perfformiwr a'i gynulleidfa, ac ymateb y gynulleidfa. Pwysleisir mai proses gymdeithasol a diwylliannol yw'r perfformiad, modd arbennig o gyfathrebu, sydd yn defnyddio technegau esthetig arbennig ynghyd â gwahanol arwyddion i dynnu sylw at y ffaith mai perfformiad ydyw; er enghraifft, y mae pulpud, allor, neu lawr y llys yn awgrymu perfformiad o fath arbennig, yn union fel y gwna ymadroddion agoriadol fel 'Amser maith yn ôl' a 'Daw ein testun heddiw'r bore': y mae'r gynulleidfa draddodiadol yn gwybod beth i'w ddisgwyl, pa fath o berfformiad, a beth yw rheolau generig y perfformiad hwnnw. Yn anffodus, ychydig iawn o dystiolaeth uniongyrchol sydd gennym ynglŷn â nodweddion gweledol a chlywedol perfformiadau'r oesoedd canol. Fodd bynnag, adlewyrchir yn y fersiynau ysgrifenedig ffordd arbennig o gyfathrebu, a hynny trwy gyfrwng strategaethau megis fformiwlâu traddodiadol, ailadrodd, onomasteg, enwau lleoedd a thrioedd, a'r rhain oll yn fodd i roi cipolwg ar grefft y cyfarwydd. Gellid mynd gam ymhellach a dadlau mai perfformiadau o fath oedd y fersiynau ysgrifenedig hefyd, pan drosglwyddwyd hwy i 'groen llo', oherwydd darllen gweithiau yn uchel oedd yr arfer,[2] fel yr awgrymir gan y ferf 'gwrando' ar ddechrau *Rhamant Otuel*:

> Pwy bynnac a uynno gwybot neu warandaw chwedyl grymus, o wastatrwyd y vryt, ymosteget. (S. J. Williams 1930: 43)

Byddai llawer o'r technegau naratif yn cyflawni'r un swyddogaeth yn y cyfrwng newydd, a'r gynulleidfa yn parhau i gyfrannu at y perfformiad yn yr un modd. Wedi dweud hynny, diau y ceid newidiadau sylfaenol wrth drosglwyddo o'r naill gyfrwng i'r llall. Gellid disgwyl newidiadau hefyd wrth i'r testun ysgrifenedig ddechrau ymsefydlu yn y cyfrwng newydd, wrth i gopïwyr olygu fersiynau cynharach, eu caboli, a rhoi stamp mwy llenyddol i'r gwaith. Oherwydd bod hanes llawysgrifol *Peredur* yn unigryw ymysg chwedlau'r *Mabinogion* – y mae pedair fersiwn ganoloesol ar glawr – ceir cyfle gwych i ddadansoddi gwahanol adroddiadau o'r un naratif er mwyn gweld a oes newidiadau arwyddocaol rhyngddynt, beth yw natur y newidiadau hynny, ac a ydynt yn datgelu unrhyw beth am ddatblygiad *Peredur vab Efrawc* wrth i'r chwedl ymbellhau o'r traddodiad llafar ac ennill ei thir yn destun sefydlog, awdurdodedig.[3]

Pe bawn wedi agor y bennod hon â'r geiriau 'Amser maith yn ôl' neu 'Glywsoch chi am y Cymro, y Sais a'r Gwyddel . . .', byddai'r darllenydd yn disgwyl math arbennig o naratif – chwedl werin a jôc. Y mae chwedlau'r *Mabinogion* hwythau yn defnyddio fformiwlâu agoriadol (Davies 1995: 129–34), er enghraifft:

> Pwyll, Pendeuic Dyuet, a oed yn arglwyd ar seith cantref Dyuet. A threigylgweith yd oed yn Arberth, prif lys idaw . . . (I. Williams 1930: 1)

> Yr amherawdyr Arthur oed yg Kaer Llion ar Wysc. Sef yd oed yn eisted diwarnawt . . . (Thomson 1968: 1)

Wrth gloi, crynhoir neu rhoddir rhyw fath o deitl i'r naratif yn aml:

> Ac yuelly y teruyna y geing honn o'r Mabinogi. (I. Williams 1930: 92)

> A'r chwedyl hwn a elwir Chwedyl Iarlles y Ffynnawn. (Thomson 1968: 30)

> Ac uelly y kauas Kulhwch Olwen merch Yspadaden Pennkawr. (Bromwich ac Evans 1988: 42)

Pwysleisio bod y perfformiad wedi dod i ben a wna'r fformiwlâu hyn, a thynnu'r gwrandawyr yn ôl i'r presennol. Y mae'r naratif, felly, wedi ei chynnwys mewn ffrâm, ac oddi mewn i'r ffrâm honno byddai'r gynulleidfa yn gwybod y dylid dehongli mewn modd arbennig (Bauman 1977: 9). Wrth droi at *Peredur* gwelwn fod yma hefyd ffrâm neu, yn hytrach, sawl ffrâm; hynny yw, ceir sawl agoriad a mwy nag un clo. Ni cheir yma 'gyfanwaith' taclus, gyda dechrau, canol a diwedd; eithr problem i *ni* yn yr unfed ganrif ar hugain yw hon, ac nid i gynulleidfa ganoloesol. Yr oedd disgwyliadau cynulleidfa ganoloesol yn dra gwahanol: yr oedd yn dderbyniol cael sawl uchafbwynt, a hyd yn oed sawl agoriad a diweddglo; hynny yw, episodau hunan-gynhaliol, yn hytrach na chyfanwaith tynn (R. M. Jones 1986; Davies 1995: 28–103). Wrth droi at dystiolaeth gymharol, atgyfnerthir y ddamcaniaeth mai'r episod yw'r uned bwysicaf mewn naratif lafar, a hynny oherwydd dylanwad y cof i raddau helaeth.[4] Eto i gyd, y mae modd i'r cyfan fodoli'n reddfol ym meddyliau'r perfformwyr a'r gwrandawyr.[5] Y mae adeiladwaith *Peredur* yn weddol lac ac episodig, ac yn nodweddiadol o'r rhamantau canoloesol yn hyn o beth, gan adlewyrchu strwythur chwedlau llafar. Ceir ymdrech ymwybodol yn nhestun y Llyfr Gwyn a'r Llyfr Coch i lunio tair prif ffrâm drwy rannu'r chwedl yn dair adran â phriflythrennau (McCann 1985: 127); hynny yw, y mae gennym dystiolaeth weledol:[6]

Adran I Efrawc iarll bioed iarllaeth yn y Gogled, a seith meib oed idaw.
[O ddechrau'r chwedl hyd at ddiwedd hanes Angharad]
WM col. 117.1–152.2, sef cyfanswm o 35.2 col.

Adran II Arthur a oed yg Kaer Llion ar Wysc a mynet a wnaeth y hela a Peredur gyt ac ef.
[Anturiaethau Peredur hyd at ei uniad â'r Ymerodres]
WM col. 152.3–165.26, sef cyfanswm o 13.23 col.

Adran III Arthur a oed yg Kaer Llion ar Wysc, priflys idaw . . .
[Anturiaethau Peredur a Gwalchmai hyd at ddiwedd y chwedl]
WM col. 165.27–178.33, sef cyfanswm o 13.6 col.

Diddorol sylwi bod yr ail a'r drydedd adran o'r un hyd. Fel yr awgrymodd Lloyd-Morgan (1981: 197): 'One possible explanation is that the three sections which . . . make up *Peredur* were each intended as a portion of a convenient length for one session's oral delivery.'[7] Y mae geiriau olaf fersiwn y Llyfr Gwyn a'r Llyfr Coch – 'Ac velly y treythir o Gaer yr Ynryfedodeu' (HP 70.24–5) – yn atgyfnerthu'r ddadl, oherwydd ni chyfeiriant ond at ddigwyddiadau'r drydedd adran, yn hytrach nag at yrfa Peredur ar ei hyd.[8] Fodd bynnag, o ddilyn trywydd Lloyd-Morgan, oni ddisgwylid i'r adran gyntaf fod yn debycach i'r ddwy arall o ran hyd? Gwnaethpwyd sawl dadansoddiad rhifyddol o destunau canoloesol gan ysgolheigion megis Eggers (1956) a Zumthor (1954), a dadleuwyd, er enghraifft, fod cydbwysedd hyd i'w ganfod yng ngherddi Chrétien de Troyes. Gwnaethpwyd rhai awgrymiadau i'r cyfeiriad hwn hefyd wrth ddadansoddi adeiladwaith holl chwedlau'r *Mabinogion* (Davies 1995: 28–103), eithr y mae angen llawer mwy o ymchwil a datblygu methodoleg soffistigedig cyn y gellir dadlau gydag unrhyw argyhoeddiad.

Heblaw tystiolaeth weledol y llawysgrifau eu hunain, gwelir bod ymadroddion amseryddol ac ailadrodd geiriol neu fformiwlâu cysylltiol hefyd yn adlewyrchu ymdrech i drefnu'n adeileddol (Davies 1995: 28–103). Y mae technegau o'r fath yn dangos yn glir y ffin rhwng un episod a'r nesaf, gan gyflawni'r hyn a elwir gan Bauman (1986: 63) yn 'scene-setting function'. Gellid dadelfennu tair adran *Peredur* ymhellach gan ddilyn y fethodoleg hon (Tabl 4.1 tt.70–1). Nodir is-adrannau pellach gan eiriau amseryddol megis 'diwarnawd' (HP 7.21; 8.10; 41.13) a 'trannoeth y bore' (HP 30.21; 39.28). Wrth agor Adrannau II a III o'r chwedl, defnyddir ymadrodd – neu fformiwla – draddodiadol: 'Arthur a oed yg Kaer Llion ar Wysc', sef yr union fformiwla a ddefnyddir i agor chwedlau *Owein* a *Gereint*, ynghyd ag is-episodau ynddynt (Davies 1995: 129–34).[9] Effaith hyn fyddai atgoffa'r gwrandawyr o ddigwyddiadau eraill a gysylltir â llys Arthur, gan dynnu oddi ar eu storfa o wybodaeth draddodiadol, yr hyn a ddisgrifir gan Foley (1992) yn 'word-power'.[10]

Perthyn i'r byd llafar a wna'r tagiau onomastig hwythau: dyfeisiadau mnemonig ydynt sydd yn cynorthwyo'r storïwr wrth berfformio (Hunter 1988; Davies 1996). Ceir dwy chwedl onomastig yn fersiwn y Llyfr Gwyn a'r Llyfr Coch o *Peredur* – Y Macwy Mud (Adran IB) a Marchog y Felin (Adran II). Y mae'r tag 'A'r Mackwy Mut y gelwit Peredur yna' (HP 42.6–7) yn dod ar ddiwedd yr adran, ac yn crynhoi'r thema'n ddestlus, gan ein harwain yn ôl at addewid Peredur 'na dywedaf inheu eir vyth wrth Gristyawn, hyny adefych titheu arnat vyg caru yn uwyhaf gwr' (HP 36.3–5). Er na cheir tag fel y cyfryw yn yr ail achos – 'Yr amherodres a anuones at Varchawc y Velin y erchi idaw dyfot y ymwelet a hi' (HP 54.17–18) – y mae yma awgrym clir o chwedl onomastig, a rhoddir cymorth unwaith eto i gofio cynnwys yr adran gyfan sydd yn arwain at uniad Peredur â'r Ymerodres.[11] Y mae cofio am bwysigrwydd chwedlau onomastig yn y traddodiad llafar efallai'n atgyfnerthu dadl Brynley Roberts (gweler t.58), sydd yn gosod Adran IB a II uchod gyda'i gilydd yn un uned ac yn eu hesbonio fel 'cyfres o anturiaethau traddodiadol Cymreig a gysylltid â Pheredur' ac a ychwanegwyd at

Tabl 4.1: Adrannau'r tair fersiwn

PENIARTH 4	PENIARTH 14	PENIARTH 7
ADRAN IA DIAL AR CAI		
1. Magwraeth Peredur (HP 7.1–10.4)		
Efrawc iarll bioed iarllaeth yn y Gogled	Efrawc yarll bieuuoed yarlleth yny gogled	
2. Morwyn y Babell (HP 10.4–11.21)		
A chychwynu racdaw ymdeith	Yna y kychwynnawd peredur ymeith	**P7 yn dechrau (HP 10.23)**
3. Llys Arthur (HP 11.21–15.26)		
Ynteu Peredur a gerdawd racdaw parth a llys Arthur	ynteu beredur a gerdawd racdaw parth a llys arthur.	ac yntev baredur a ayth racdaw lys arthur
4. Gorchfygu'r marchog (HP 15.26–16.19)		
Ac ynteu Peredur a gerdwys racdaw y ymdeith	yna yd aeth peredur racdaw	Ac yna kerdet a oruc peredur ymdeith
5. Gorchfygu sawl marchog (HP 16.19–16.27)		
Ac ynteu Peredur a gerdawd racdaw y ymdeith	Ac ynteu beredur a gerdawd racdaw	a pharedur a gerdaw radaw
6. Llys y gŵr gwynllwyd (HP 16.27–18.21)		
Ynteu Peredur a gychwynwys ymdeith	Enteu beredur a gerdawd racdaw	A pheredur a doeth i goet mawr anyal
7. Llys yr ail ewythr (HP 18.21–20.22)		
Pan doeth y dyd gyntaf, kyfodi a oruc Peredur a chymryt y varch, a chan ganhat y ewythyr kychwyn ymdeith	a phan weles peredur y dyd drannoeth mynet ymeit a oruc gan gannyat y ewythyr **(P14 yn gorffen (HP 19.5))**	a phan weles paredur lliw y dyd dranoeth kyuodi a chymryt kenat i ewythyr a mynet ymdeith
8. Peredur a'i chwaer faeth (HP 20.22–22.23)		
Tranoeth y bore Peredur a gyfodes y vynyd, a chan ganhat y ewythyr kychwyn racdaw y ymdeith		A thrannoeth y bore y kymyrth peredur kenat i ewythyr y vynet ymeith
9. Morwyn y Gaer (HP 22.23–28.11)		
Ynteu Peredur a gerdwys racdaw ymdeith		A racdaw yd aeth peredur odyna
10. Syberw Llannerch a'i wraig (HP 28.11–29.3)		
Odyna kychwynnu a oruc Peredur		Ac odyna y kerdod peredur racdaw
11. Gwiddonod Caer Loyw (HP 29.3–30.17)		
ac ynteu Peredur a gerdawd racdaw		Odyna y kerdod peredur
12. Y gwaed ar yr eira (HP 30.17–35.23)		
a chychwyn racdaw ymdeith **ac ymchoelut a orugant parth a Chaer Llion.**		Ac odyno yd aeth peredur **Ac odyno yd aethat gaer llion**

ADRAN IB ENNILL ANGHARAD	
1. Cyflwyno Angharad (HP 35.24–36.5)	
A'r nos gyntaf y doeth Peredur i Gaer Llion y lys Arthur	ar nos gyntaf y doeth peredur gaer llion
2. Y Dyffryn Crwn (HP 36.6–40.5)	
Tranoeth ef a gerdawd Peredur ymdeith	A tranoeth yn diannot peredur a gerdawd racdaw
3. Peredur a'r sarff (HP 40.6–40.1)	
Peredur ynteu a gerdawd y bore tranoeth racdaw	Ac odyna yd aeth peredur ymdeith drannoeth y bore
4. Peredur, y Macwy Mud (HP 40.20–42.18)	
Odyna y kerdawd racdaw y lys Arthur	
A y trigywys yn llys Arthur.	**(darn ar goll o P7 (HP 41.19–43.29))**
ADRAN II UNO Â'R YMERODRES	
1. Lladd y Du Trahawg (HP 42.19–46.13)	
Arthur a oed yg Kaer Llion ar Wysc a mynet a wnaeth y hela a Peredur gyt ac ef	
2. Meibion Brenin y Dioddefaint (HP 46.14–49.18)	
Odyno y kychwynnawd Peredur racdaw	ac odyna yd aeth peredur
3. Edlym Gleddyf Goch a Iarlles y Campau (HP 49.19–50.29)	
A cherdet racdaw a wnaeth Peredur	A cherdet a oruc peredur racdav ymeith odyno
4. Y Crug Galarus (HP 50.30–52.16)	
A thranoeth kychwynnu a wnaeth Peredur	a thrannoed y bore yd aeth peredur
5. Ymerodres Cristynobyl/Marchog y Felin (HP 52.17–56.15)	
Ac ymdeith yd aeth Peredur	ac odyna y kerdawd peredur
Ac y gwledychwys Peredur gyt a'r amherodres pedeir blyned ar dec, megys y dyweit yr ystorya.	**Ac yna y bu fe ygyda ar amerodres pedair blyned ar dec**
	Ac y velly y tervyna kynnyd paredur ap Efrawc
ADRAN III CAER YR ENRHYFEDDODAU	
1. Llys Arthur (HP 56.17–59.8)	
Arthur a oed yg Kaer Llion ar Wysc, priflys idaw	
2. Hanes Gwalchmai (HP 59.9–61.13)	
Gwalchmei yn ieuenctit y dyd a deuth y dyffryn	
ac ny dyweit yr istorya am Walchmei hwy no hynny, yn y gyfeir honno.	
3. Peredur a'r offeiriad (HP 61.14–62.22)	
A Pheredur a gerdawd racdaw	
4. Carcharu Peredur (HP 62.23–66.20)	
Ac yna y kerdawd racdaw	
5. Y gwyddbwyll hud a'r carw (HP 66.21–69.4)	
A dyfot a oruc Peredur parth a'r gaer	
6. Gŵr Du y Llech (HP 69.5–69.14)	
Peredur a gerdawd racdaw	
7. Aduniad yn y gaer (HP 69.15–70.25)	
Ac ar hyt y mynyd kerdet a wnaeth Peredur	
Ac velly y treythir o Gaer yr Ynryfedodeu.	

hanfod y chwedl. Yn wir, nid oes rhaid derbyn bod unrhyw gysylltiad rhwng y ddwy episod hyn a chymeriad Peredur yn wreiddiol: cymharer y modd y symudid motifau rhwng y naill sant a'r llall yn y bucheddau canoloesol (Henken 1987).

Gwelir yn glir o Dabl 4.1 mai 'Ac ynteu Peredur a gerdwys racdaw ymdeith', ynghyd ag amrywiadau ar y fformiwla honno, a ddefnyddir i gysylltu'r episodau yn y tair llawysgrif. Ceir enghreifftiau o'r un fformiwla gysylltiol yn *Gereint*, er nad yw mor amlwg (Davies 1995: 82–7); yr amrywiad 'kerdet racdaw eithavoed y byt a diffeithwch' a geir, bedair gwaith, yn *Owein* (Davies 1995: 81). Yr hyn sydd yn arbennig am *Peredur* yw'r modd y cyfunir y fformiwla hon â thair fformiwla draddodiadol arall: nesáu at adeilad; croeso–eistedd–gwledda; treulio amser–cysgu–trannoeth.[12] Yn wir, o'r holl chwedlau, *Peredur* sydd yn gwneud y defnydd helaethaf a manylaf o'r fformiwla 'nesáu at adeilad', yn rhannol, wrth gwrs, oherwydd nifer yr episodau hynny lle y mae'r arwr yn ymweld â llys dieithr. Fodd bynnag, yn y chwedlau eraill, ni ddilynir pob cam yn y fformiwla mor haearnaidd.[13] Canolbwyntio'n raddol a geir yma, fel y gwelir yn glir o'r enghraifft ganlynol:

> Ac ef a doeth y goet mawr, ac yn diben y coet ef a doeth y dol wastat, a'r tu arall y'r dol y gwelei gaer vawr a llys telediw. A'r llys a gyrchwys Peredur a'r porth a gauas yn agoret a'r neuad a gyrchwys. A phan daw, yd oed . . . (HP 18.23–7)

Diau mai techneg a'i gwreiddiau yn y perfformiad llafar sydd yma eto: cymorth i'r cof ydoedd wrth i'r storïwr ddilyn camre'r arwr yn y meddwl. Eithr etifeddwyd y dechneg gan awduron llawlyfrau rhethreg y cyfnod lle y pwysleisir bod dilyn yr *ordo naturalis* yn rhinwedd wrth ysgrifennu (Nims 1967: 18–19). Adlewyrchu'r perfformiad llafar a wna'r fformiwla treulio amser–cysgu–trannoeth hefyd, gan adlewyrchu awydd storïwr llafar i roi cyfrif am bob ysbaid yn ei naratif:

> Ac amryfal enryded a gwassanaeth a gymersant a phan uu amser, y gyscu yd aethant. Pan doeth y dyd gyntaf, kyfodi a oruc Peredur a chymryt y varch, a chan ganhat y ewythyr kychwyn ymdeith. (HP 18.21–3)

Wrth gyfuno fformiwlâu parod fel hyn, yn fecanyddol bron,

rhoddid cyfle i storïwr llafar baratoi yr olygfa nesaf; cymharer dadansoddiad Rosenberg (1988: 78–9) o'r 'fformiwlâu oedi' yng nghyd-destun y bregeth. Gellid dadlau mai'r hyn a welwn yma yw olion cyfansoddi thematig, syniad a ddatblygwyd gan Albert Lord yn ei glasur *The Singer of Tales*. Yn ôl Lord (1960: 97–8), y mae bardd yn meddwl am ei gerdd yn nhermau ei themâu: y mae'n symud ymlaen o un thema i'r llall, gan gadw grwpiau o themâu arbennig gyda'i gilydd yn aml. Dyna'n union a wneir yma, er nad oes rhaid derbyn mai prawf o gyfansoddi llafar ydyw (Davies 1995: 108–11). Fel yr awgrymwyd eisoes, nid fformiwlâu a gyfyngir i *Peredur* yn unig yw'r rhai a drafodwyd hyd yn hyn; y maent yn gyffredin i sawl un o'n chwedlau canoloesol, yn union fel y fformiwlâu hynny a ddefnyddir wrth gyfarch a chynghori, ac wrth ddisgrifio pryd a gwedd, a meirch, ac ymladd. Dadleuwyd mewn man arall (Davies 1995: 186–8) eu bod yn fformiwlâu traddodiadol a oedd ar un adeg yn rhan o stoc y cyfarwydd. Nid yw eu presenoldeb yn profi cyfansoddi llafar, ond o leiaf awgryma fod yr awduron yn ymwybodol o'r dechneg ac yn sylweddoli ei phwysigrwydd o safbwynt y cyfansoddi, a hefyd y gwrando fel y pwysleisia Bäuml (1984: 39): 'formulae facilitated the retention, and therefore the reception, of the read or heard written text'.

Gwelir, felly, mai'r un naratif a draddodir yn y fersiynau cyfatebol o P7, P14 a P4 o *Peredur*, ac mai'r un dechneg a ddefnyddir i gysylltu'r episodau. O ddadansoddi'n fanylach y prif wahaniaethau arddulliol rhwng y tair fersiwn, gellir gweld a ydynt yn datgelu unrhyw beth am y prosesau sydd ar waith wrth i destun canoloesol ymgartrefu mewn 'croen llo'.

Y peth cyntaf a ddaw i'r amlwg wrth gymharu P14 â P4 yw bod yr ail destun yn hwy o lawer. Llwyddir i ehangu'r naratif drwy nifer o strategaethau. Weithiau, er mwyn cryfhau'r mynegiant, ychwanegir ansoddair, enw neu adferf, er enghraifft:

P14	**P4**
gwreic bwyllawc (HP 182)	gwreic kymen, ystrywys (HP 7.10)
dynyon diwala llesc (HP 182)	gwraged a meibon a dynyon didraha diwala (HP 7.14–15)
dywedaf hep ynteu (HP 182)	Dywedaf yn llawen (HP 8.27)
goreu y gwyr a dewraf (HP 183)	goreu y gwyr a haelaf a dewraf (HP 9.25)

Bryd arall ychwanegir cymalau cyfan, a hynny am wahanol resymau. Ar ddechrau fersiwn P4 ychwanegir sylwadau 'awdurdodol' lle y ceir beirniadaeth ar ryfel a thwrnamaint: 'Ac ual y may mynych y'r neb a ymganlyno a ryuel ef a las, ac ef a'y chwemeib' (HP 7.4–5); 'Pei oet, ef a ledit ual y llas y tat a'y urodyr' (HP 7.8–9). Y mae Chrétien de Troyes yn bencampwr ar gyflwyno'r llais personol i'w waith, eithr ni cheir cyfeiriad cyfatebol yn ei fersiwn ef o'r chwedl. Mewn mannau eraill, y mae P4 yn ehangu'r ddeialog, gan greu sefyllfaoedd dramatig, gweledol; er enghraifft, cyflwynir union eiriau'r gorres ynghyd ag ymateb Cai (HP 13.14–21), yn hytrach na chrynhoi fel a wneir yn P14: 'ac yn dywedut wrth beredur yr unryw ymadrawd ac a dyuot y korr' (HP 184). Yn P4, nid ailadroddir geiriau'r ddau gymeriad air am air, fodd bynnag; yn hytrach ceir amrywio cywrain fel bod yr ail sefyllfa yn atgyfnerthu'r gyntaf, heb greu diflastod. Sylwer hefyd, wrth i'r cor a'r gorres ill dau syrthio i 'varwlewyc', eu bod yn creu triawd gyda mam Peredur a 'dygwydwys . . . yn y marwlewic' ar ôl clywed y newyddion am ei mab (HP 9.11). Onid ein hatgoffa'n gynnil o'r episod flaenorol a wna P4 yma, gan awgrymu cysylltiadau rhwng y tri chymeriad?

Trafodwyd eisoes arwyddocâd y fformiwla gysylltiol yn *Peredur*, ynghyd â'r modd y cyplysir hon yn aml â fformiwlâu eraill i greu uned hwy. Fodd bynnag, pan fanylir ar y fformiwlâu hyn yn P14, gwelir nad ydynt mor llawn â'r enghreifftiau cyfatebol yn P4. Yno, nodir y cam 'a drws/porth oed yn agoret' ar y tri achlysur pan ddisgrifir yr arwr yn nesáu at adeilad,[14] er enghraifft:

P14 ac ef a doeth y goet mawr. ac yn y koet y gwelei lannerch ac yn y llannerch y gwelei bebyll . . . A pharth a drws y pebyll y doeth . . . (HP 183)

P4 Ac yna y doeth y goet mawr, ynyal, ac ymhell yn y coet ef a welei llanerch o vaes, ac yn y llanerch y gwelei pebyll . . . A pharth a'r pebyll y daw. A drws y pebyll a oed yn agoret (HP 10.7–11)

ac ychwanegir 'dros pedrein y uarch y'r llawr' pan ddisgrifir yr ymladd rhwng Peredur a'r herwr:

P14 ac ar hynny ymwan a orugant. ac ny bu hir eu hymwan peredur ae bwryawd yn wysc y benn yr llawr. (HP 185)

P4 Ny bu hwy no hynny, ymwan a orugant ac ny bu bell y buant, Peredur a'e byrywys hyny uu dros pedrein y varch y'r llawr. (HP 16.8–10)

Ceir camau arbennig o fewn y fformiwla hon hefyd (Davies 1995: 159–66), pryd y dilynir trefn resymegol yr ymladd. Dadleua Middleton (1991: 155), wrth drafod *Gereint*, fod disgrifiadau o'r fath yn perthyn i sustem fformiwläig a oedd wedi hen ymsefydlu ymysg y cyfarwyddiaid:

> Even in cases that can be paralleled in other languages the exact form of words is still necessarily Welsh. Thus descriptions of jousts that give details of how Geraint struck the decisive blow always include the phrase 'dros bedrein y uarch y'r llawr'. This can be matched almost word for word by Old French 'par desus la crope del cheval a terre'. . . Now, it is perfectly possible that the Welsh phrase has been taken from French (given that the mode of combat itself was not native to Wales), but what creates a formula is the consistent use of one particular sequence of words to the exclusion of all others.

Gan na ddefnyddir yr ymadrodd hwn yn gyson yn fersiwn P4 o *Peredur*, yr hyn a gawn yma, yn fy marn i, yw dechrau ei ymsefydlu yn rhan o'r fformiwla. Ceir wyth enghraifft o ddisgrifio ymladd ar gefn meirch yn P4; mewn un achos ceir yr ymadrodd 'ac y drechefis o'e gyfrwy ac y byryawd ergyt mawr y wrthaw' (HP 42.3–5); ceir tair enghraifft o fwrw 'tros pedrein y varch y'r llawr' (HP 16.9–10; 26.13–14; 31.13–14), ond pump lle yr hepgorir y cyfuniad, gan ddefnyddio 'bwrw (y'r llawr)' yn unig (HP 22.2; 26.17; 27.7; 27.22; 28.28–9).[15] Ceir un cam ychwanegol hefyd yn y gyntaf o'r ddwy enghraifft o'r fformiwla croeso–eistedd–gwledda sydd yn gyffredin i'r ddwy fersiwn:

P14 peredur a eistedawd ac ymdidan a oruc ar gwr gwynllwyt. ac gwedy daruot bwyt . . . (HP 186)

P4 A chyteisted ac ymdidan a orugant, a phan uu amser, gossot byrdeu a mynet y uwyta. Ar neill law y gwr y dodet ef y eisted ac y uwyta. Guedy daruot bwyta . . . (HP 17.13–17)

Dyma'r unig gyfeiriad at 'byrdeu' yn fersiwn P4, eithr digwydd yn gyson yn *Pwyll*, a cheir un enghraifft yn *Gereint* ac un yn *Owein*. Yr un yw'r patrwm wrth fanylu ar y fformiwla fyrraf oll, sef y ddybled, techneg a ddefnyddir er mwyn cryfhau'r dweud ac addurno'r mynegiant (Davies 1995: 182–5). Ceir defnydd helaethach o'r dybledau yn P4:

P14	**P4**
ydaw gyrchu brwydyr (HP 182)	y ryuel nac ymlad (HP 7.8)
ynyalwch (HP 182)	ynialwch a diffeithwch (HP 7.12–13)
uyng kewilid (HP 184)	vy llit a'm kewilyd (HP 11.17)
oe gedernyt (HP 184)	milwryaeth ac angerd (HP 12.9–10)
—	o'e allu a'e dewred (HP 14.5)
diaberwr ac ar herw (HP 185)	herwr a dieberwr (HP 16.5)
talym o niuer (HP 186)	teulu a niuer (HP 17.10)
—	moes a mynut (HP 18.12)

Er mai estyn y naratif a wneir yn P4 fel rheol, ceir rhai enghreifftiau o dynhau'r mynegiant, a chael gwared ar elfennau ailadroddus. Daw'r ddwy nodwedd i'r amlwg o gymharu'r ddau ddarn canlynol:

P14 A fforest a oed agos udunt ac yr fforest beunyd yd aei y map y chware ac y daflu blaen ysgyron. a diwyrnawt y gweles kadw o eiuyr a oed oe uam a dwy ewic a oed agos udunt sef a oruc peredur gyrru y geiuyr y mewn ar ewiged gyt ac wynt oe wrhydri ae uilwryaeth. a dyuot a oruc at y uam a dywedut uy mam hep ef peth ryued a weleis i yn y fforest . . . (HP 182)

P4 Ac y'r forest hir beunyd yd ai y mab y chware ac y daflu gaflacheu kelyn. A diwarnawd ef a welei kadw geifyr oed y uam a dwy ewic yn agos y'r geifyr. Seuyll a ryuedu a wnaeth y mab, gweled y dwy hynny heb gyrn a chyrn y bob un o rei ereill, a thybygu eu bot yn hir ar goll ac am hynny rygolli eu kyrn onadunt. Ac y ty a oed ymhen y forest y'r geifyr o uilwryaeth a ffedestric, ef a gymhellawd yr ewiged y gyt a'r geiuyr y mywn. Ef a doeth dracheuyn adref. 'Uy mam,' heb ef, 'peth ryued a weleis i yghot . . .' (HP 7.18–8.2)

Dewisodd golygydd P4 aros a thynnu sylw at gymeriad yr arwr, ei naïfrwydd a'i anaeddfedrwydd. Ar yr un pryd, llwyddodd i ddramateiddio'r olygfa drwy ychwanegu'r berfau 'seuyll a ryuedu', gan wneud i'r gwrandawr/darllenydd yntau sefyll yn stond wrth iddo dreiddio i feddyliau Peredur, neu yn hytrach 'y mab', enw sydd yn ein hatgoffa ar unwaith o'i oedran a'i ddiffyg profiad. Ymddengys wedyn fod cymal ar goll o P14: gyrrir y geifr a'r ewigedd 'y mewn', ond i mewn i beth? Ceir yr ateb yn glir yn P4: 'Ac y ty a oed ymhen y forest'. Ond tybed pa mor hanfodol yw'r manylyn hwnnw mewn gwirionedd. Yr hyn a geir yma, fel mewn mannau eraill yn P4, yw enghraifft o'r golygydd yn ceisio osgoi amwysedd a rhesymoli'r digwyddiadau. Bryd arall, gwelir P4 yn cael gwared ar eiriau gwastraffus. Yn P14 uchod y mae Peredur yn dod at ei fam ac yn ei chyfarch, 'Fy mam'. Eithr yn P4 cabolir y mynegiant trwy ddileu yr ailadrodd geiriol, yn union fel y dewisir defnyddio 'yghot' yn hytrach nag ailadrodd 'fforest' yn y cymal olaf.[16] Heblaw hynny, defnyddir y tag 'heb ef' wrth gyflwyno geiriau Peredur, eithr yn P14 ceir 'dywedut' yn ogystal â 'heb ef': 'a dywedut uy mam hep ef'. Wrth gymharu'r modd y cyflwynir araith union mewn gwahanol fersiynau o *Breudwyt Maxen*, dadleuodd Thomas (1997: 86) mai dyfais a ddigwydd mewn llafar anffurfiol yw'r tag tawtolegol, 'eithr strategaeth ddiangen a thrafferthus ydyw o safbwynt y llenor'. Trafodir hyn ymhellach wrth gymharu araith union yn P4, P14 a P7. Y mae'r darn hefyd yn enghreifftio'n glir y gwahaniaethau rhwng y modd y cydlynir brawddegau a chymalau yn P14 a P4 (Davies 1995: 99–101). Er bod yr episod yn P4 (109 gair) yn hwy nag yn P14 (77 gair) o ryw 30 y cant, ni cheir ond un frawddeg ychwanegol, a hynny am fod P4 yn defnyddio is-gymalau yn helaethach. Sylwer hefyd fod P14 yn pwyso mwy ar y cysylltair 'a' i farcio olyniaeth y digwyddiadau, nodwedd a ddigwydd yn gyson drwy'r fersiwn ac a gysylltir fel rheol ag arddull lafar. Gellir dangos cydlyniad hefyd trwy gyfrwng rhagenwau. Yn P4 uchod, yn hytrach nag ailadrodd 'geifyr' a 'dwy ewic', cyfeirir atynt yn y frawddeg ddilynol fel 'y dwy hynny' a'r 'rei ereill', awgrym eto o gyfansoddi bwriadol, gofalus.

Wrth droi i edrych ar P7, yr hyn sydd yn ein taro ar unwaith yw bod y fersiwn hon yn llai disgybledig na'r ddwy arall. Esgeulustra, y mae'n debyg, sydd i gyfrif am hepgor ymadroddion ar brydiau; er enghraifft, ni chyfeirir at y 'marchawc arall' yn dod i lys Arthur fel yn P4 (HP 11.22–3), ac o ganlyniad nid yw'r frawddeg yn gwneud synnwyr. Pan gyfeirir at anafu Cai, dywed

P7 (HP 170) ei fod wedi torri 'gwaell i ysgwyd'; ond yn ddiweddarach cyfeiria Gwalchmai ddwywaith at y ffaith bod Cai wedi torri ei fraich hefyd (HP 170 a 171), gan ddilyn fersiwn P4 (HP 31.22). Sylwer hefyd fod araith Morwyn y Gaer yn gronolegol amwys: 'Iarll kadarn fenedic oed vy nhat i. a marw vv . . . Ac nyt oed o etived namyn myui a mab iarll arall am erchis innev ym tat' (HP 166). Ni chyfyd unrhyw amwyster yn P4 (HP 25.5–11). Ceir diofalwch hefyd wrth ddisgrifio'r olygfa lle y ceryddir y cor gan Cai. Yn P7 fe'i ceryddir am iddo alw Peredur yn 'vlodev milvyr a channwyll marchogoeon [*sic*]' (HP 161). Ond nid hynny a ddywedodd y cor: 'arbenic y mi[l]wyr a blodeu y marchogeon' oedd ei eiriau ef. Y geiriau a ddyfynnir yng ngherydd Cai yw'r rhai a yngenir gan y gorres yn P4 (ni ddyfynnir union eiriau'r gorres yn P14 na P7). Pam y cymysgu, tybed? A wyddai'r copïwr am fersiwn lle yr adroddid geiriau'r gorres? Neu ai enghraifft o gymysgu fformiwlâu sydd yma, a'r copïwr yn rhy esgeulus i ddarllen dros ei waith?

Wrth gymharu ymdriniaeth P4 a P14 o Beredur yn corlannu'r ddwy ewig, gwelwyd bod P4 yn llwyddo i dynnu sylw at naïfrwydd ac anaeddfedrwydd yr arwr. Adlewyrchir diddordeb P4 mewn dadansoddi cymhellion a chymeriad ymhellach wrth gymharu darnau cyfatebol o P4 a P7. Pan yw Peredur yn ceisio diosg yr arfwisg oddi am y marchog a ddug orflwch Gwenhwyfar, ychwanegir y sylw 'Ohonaw e hun yd henyw' (HP 15.11), awgrym cynnil eto o'i naïfrwydd;[17] cymharer yr ymadrodd 'a'e gledyf am y vynwgyl' wrth ddisgrifio Peredur yn codi i ymladd â'r gwiddonod (HP 29.27–8); 'a chaffel y gledyf' yw'r sylw niwtral a wneir yn P7 (HP 169). Y mae Peredur P4 (a P14) yn fwy cwrtais wrth gyfarfod â Morwyn y Babell ac yn gofyn caniatâd *cyn* cymryd y fodrwy:

P7 Ac yna y kymyrth peredur hanner y bwyt ar llynn ar hann[er] arall a edewis yr vorvyn a ffan darvv idaw vwytta ef a doeth yn yd oed y vorwyn ac a gymyrth y uotrwy i ar i llaw ac a ystynghawd ar benn i lin ac a roedes cussan yr vorwyn ac a dwawt wrthi vy mam heb yt [*sic*] yntev a erchis imi o gwelwn dlws tec y gymryt. Nyt myvi ay gwaravyn ytt heb y uorwyn ac esgynnv ar y varch a oruc peredur a mynet ymeith. (HP 160)

P4 Y'r bwrd yd aeth Peredur, a'r neill hanner y'r bwyt a'r llyn a gymerth Peredur idaw e hun, a'r llall a adawd yghyfeir y vorwyn. A gwedy daruot ydaw uwyta, kyuodi a oruc a dyfot yn yd oed y vorwyn. 'Vy mam,' heb ef, 'a erchis imi kymryt tlws tec y lle y gwelwn.' 'Kymer titheu, eneit,' heb hi. 'Nyt miui a'e gwarafun itti.' Y vodrwy a gymerth Peredur, ac estwg ar pen y lin a rodi cussan y'r vorwyn, a chymryt y varch a chychwynu y ymdeith. (HP 10.25–11.6)

Sylwer hefyd fod P4 yn ychwanegu'r cymal 'Kymer titheu, eneit', sydd yn lliniaru ar yr awyrgylch treisgar ac yn awgrymu mwy o gydweithrediad ar ran y forwyn nag a geir yn P7 a P14. Yn wir, y mae'r darn uchod yn enghraifft dda o arddull fyrlymus P7; arddull heb ei ffrwyno ydyw, yn amlygu defnydd helaethach o'r 'a' ychwanegiadol, llai o amrywiaeth yn nhrefn y brawddegau, a thag tawtolegol. Datgelir mwy am gymeriad Cai yntau yn P4: wrth i Beredur anfon marchogion i lys Arthur ynghyd â'r bygwth ar Cai, ychwanegir yn P4 (a P14 hefyd) fod Cai yn poeni: 'a goualus uu ynteu am hynny' (HP 16.26). Efallai bod P4 (a P14) yn ceisio lliniaru ychydig ar ei gymeriad oherwydd y mae gan Cai ran weithredol yn P7 pan ymddengys Peredur yn llys Arthur: 'ay dangos a oruc yr teulu oy watwar' (HP 161); yn P4 a P14, fodd bynnag, fe'i canfyddir gan y 'teulu', yn ddigymell.[18]

Fel yn achos P14, nid yw'r fformiwlâu a ddefnyddir yn P7 mor llawn â'r enghreifftiau cyfatebol yn P4. Y mae'r patrwm yn ymdebygu i'r hyn a welwyd yn P14: ni cheir y cam 'dros pedrein y varch y'r llawr' yn P7 o gwbl, nac unrhyw gyfeiriad at 'y porth yn agoret' wrth ddisgrifio agosáu at adeilad. Ni sonnir ychwaith am osod y byrddau cyn dechrau gwledda, nac am fynd i ymolchi.[19] Ceir mwy o ddybledau hefyd yn P4:

P7	**P4**
vy mlwng (HP 160)	vy llit a'm kewilyd (HP 11.17)
anvat uilwryayth (HP160)	milwryaeth ac angerd (HP 12.9–10)
herwr (HP 162)	herwr a dieberwr (HP 16.5)
anryded (HP 162)	enryded a gwassanaeth (HP 16.14)
niuer mawr (HP 163)	teulu a niuer (HP 17.10)
drycarverthv (HP 164)	llefein a drycyruerth (HP 20.8)
—	eu gwybot ac eu gwassanaeth (HP 23.11)

tyghetven (HP 169)	tyghetuen a gweledigaeth (HP 30.6)
meddawt (HP 175)	brwysked a meddawt (HP 44.9)

Eithr wedi dweud hynny, ceir dwy enghraifft yn P7 nad ydynt yn P4:

P7	**P4**
athiasbedein ac ath drycaruayth (HP 165)	drycyruerth (HP 21.20)
a thrwy eigyon ac wylaw (HP 166)	y dan ellwg y dagreu (HP 24.29)

Y mae cymharu'r darnau cyfatebol o P4 a P7 hefyd yn datgelu mwy o amrywiaeth o lwon yn P4:

	P7 (N)	**P4 (N)**
myn vyg kret	12	12
y rof i a duw	8	1
duw a wyr	1	1
dioer	–	2
dygwn y duw an kyffes	–	1
Cyfanswm	21	17

Mewn pedwar achos yn P4, ni cheir dim i gyfateb i'r llw yn P7. Daw'n amlwg o'r ffigurau uchod mai'r gwahaniaeth mwyaf rhwng y ddau destun yw'r defnydd o 'y rof i a duw', sef y llw mwyaf poblogaidd yn *Pedeir Keinc y Mabinogi* (29 enghraifft, sef 36 y cant) a *Gereint* (16 enghraifft, sef 55 y cant). Nis defnyddir ond unwaith yn y rhan o P4 a geir hefyd yn P7: yr hyn sy'n cyfateb, fel arall, yw 'myn vyg cret' (2 enghraifft) a 'dioer' (2 enghraifft); ceir hefyd dair enghraifft lle nad oes dim i gyfateb. O edrych ar fersiwn P4 yn ei chyfanrwydd, y mae 'myn vyg kret' yn cyfrif am 52 y cant o'r cyfanswm (22 enghraifft), 'y rof i a Duw' am 14 y cant (6 enghraifft), a 'dioer' am 14 y cant (6 enghraifft) (Davies 1995: 122–8). Sylwer hefyd mai dim ond yn *Gereint* a *Peredur* y ceir y llw 'myn vyg kret', er ei fod yn digwydd yn fynych yn y cyfieithiadau.[20]

Ymestyn ac amrywio'r naratif yw'r duedd, felly, yn P4. Eglura Peredur ystyr y lliwiau wrth iddo synfyfyrio ar y frân yn yr eira (HP 33–4), eithr dywed P7 yn syml: 'a menegi yna a oruc i walchmei ystyr kwbyl oe vedwl' (HP 171). Ceir enghraifft bellach o atgoffa'r gynulleidfa yn P4 pan eglurir paham nad yw Peredur yn fodlon siarad â Chai: 'rac kymell arnaw dywedut a thorri y gret' (HP 40.28–9). Weithiau ceir mwy o ansoddeiriau a chyfansoddeiriau yn P4, er enghraifft:

P7	**P4**
dyrnawt tost (HP 161)	dyrnawt mawr dolurus (HP 14.20)
a gaflach (HP 161)	a gaflach blaenllym (HP 14.23)
a thrwy lavvr a fferygyl y gorvv beredur ar y sarph (HP 174)	ymlad a wnaeth a'r sarff yn llityawcdrut ffenedicvalch (HP 40.12-13)

Ond nid yw'r patrwm yn gyson:

P7	**P4**
gwr gwynllwyt telediw (HP 162)	gwr gwynllwyt (HP 17.1)
yr coet mwyaf a welsei ef erioet (HP 164)	y goet (HP 20.24)
i ystauell dec da i threfnat. I wely hard o hen dillat (HP 166)	Ystauell a gyweirwyt idaw (HP 24.13)
iarll kadarn fenedic (HP 166)	—
marchawc ferredic kadyr a gwisc adwyn amdanaw (HP 167)	marchawc arbennic (HP 26.16)
A gossot a oruc peredur arnaw yn chwimwth eidiawc ay vwrw yn amharchus yr llawr (HP 168)	Ymwan eissoes a orugant, a Pheredur a uyrywys y marchawc (HP 28.28–9)
Sef a oruc Peredur yna yn orulwng chwimwth ymchwelu ar y makwy (HP 169–70)	ac ynteu Peredur a ymchoeles ar y maccwy (HP 31.12–13)
ar vynyd mwyaf a welsey neb (HP 172)	mynyd mawr (HP 36.7)

Y duedd gyffredinol, fodd bynnag, fel y gwelwyd eisoes, yw i fersiwn P4 ehangu'r mynegiant a chyflwyno mwy o wybodaeth. Ond ar yr un pryd, ceir cynildeb, pryd y symudir ymaith elfennau ailadroddus; hynny yw, y mae cydlyniad y brawddegau yn fwy soffistigedig na'r hyn a welir yn P7, nodwedd y sylwyd arni wrth gymharu P4 â P14. Yn yr enghraifft ganlynol, ailadroddir yr enwau 'Peredur' a 'gwr gwynllwyt' bedair gwaith yn P7 a theirgwaith yn P14, eithr yn P4 osgoir ailadrodd drwy ddefnyddio 'y gwr', 'y maccwy' a 'cydeistedd', ynghyd â rhagenwau:

P7 A mynet a oruc peredur yr llys a phan daw yr nevad yd oed y gwr gwynllwyt yn eiste . . . A tharaw a oruc y gwr gwynllwyt y gobenyd ay lav yr i peredur eiste. Ac ymdidan a oruc y gwr gwynllwyt a pharedur yny aethbwt y vwyta. Ac ar neillaw y gwr gwynllwyt yd eistedod peredur. Ac wedy daruot bwyta . . . (HP 162–3)

P14 A dyuot a oruc peredur y mewn yr neuad ac ef a welei gwr gwynllwyt yn eisted . . . a tharaw y law ar y gobennyd a oruc y gwr gwynllwyt ac erchi y beredur eisted ar y gobennyd. peredur a eistedawd ac ymdidan a oruc ar gwr gwynllwyt. ac gwedy daruot bwyt . . . (HP 186)

P4 Ynteu Peredur a doeth racdaw y'r llys a'r porth oed yn agoret ac y'r neuad y doeth. A phan daw yd oed y gwr gwynllwyt yn eisted . . . A tharaw y law a wnaeth y gwr ar tal y gobennyd ac erchi y'r maccwy dyuot y eisted ar y gobennyd. A chyteisted ac ymdidan a orugant, a phan uu amser, gossot byrdeu a mynet y uwyta. Ar neill law y gwr y dodet ef y eisted ac y uwyta. Guedy daruot bwyta . . . (HP 17.6–17)

Daw'r un nodweddion i'r amlwg wrth gymharu disgrifiad P4 a P7 o Forwyn y Gaer:

P7 ac ar hyny ef a welei pvm morwyn yn dyuot o ystavell yr neuad a diev oed ganthaw na welsei erioet dyn kymryt ar bennaf onadunt a hen wisc o bali amdanei ac yny gwelit y chnawt yn noeth trwy yren bali gwynnach oed no blawt y grissiant. (HP 165)

P4 Ar hynny llyma pump morwyn yn dyfot o ystafell y'r neuad, a'r vorwyn penhaf onadunt, diheu oed ganthaw na welsei dremynt kymryt eiroet a hi ar arall. Henwisc o bali twll

> ymdanei a uuassei da. Yn y gwelit y chnawt trwyddaw, gwynach oed no blawt y crissant gwynhaf. (HP 23.14–19)

Ceir pedair enghraifft o'r cysylltair 'a' yn y dyfyniad uchod o P7, ond dim ond un yn P4. Newidir trefn reolaidd y frawddeg yn P4 er mwyn tynnu sylw at y 'vorwyn penhaf' gan gyflwyno elfen o ohirio ar yr un pryd, eithr yn y frawddeg nesaf y mae disgrifiad cynnil P4, y 'pali twll', yn awgrymu bod modd gweld cnawd noeth y forwyn, ac 'a uuassei da' yn awgrymu tro ar fyd.

Un dechneg arall y dylid manylu arni cyn ceisio tynnu unrhyw gasgliadau yw deialog. Y mae deialog, sef ail-greu araith union, wrth gwrs, yn dra phwysig mewn unrhyw naratif a berfformir ar lafar; fel y dangoswyd gan Chafe (1982) a Tannen (1989), er enghraifft, y mae'n bywiogi'r mynegiant ac yn peri i'r gwrandawr ymgyfranogi yn y digwyddiadau. Nid yw'n syndod, felly, fod y confensiwn yn rhan anhepgor o grefft y storïwr llafar (Davies 1995: 189–97). Ceir sawl ffordd o gyflwyno araith union. Mewn llyfrau printiedig heddiw defnyddir confensiynau megis dyfynodau neu linell newydd i wahaniaethu rhwng dau siaradwr. Ond ar lafar yr arfer yw defnyddio tag (er enghraifft, 'medde fe/hi'), neu dag tawtolegol (er enghraifft, 'mi ddwedodd o . . . medde fo'). Weithiau gellir eu hepgor, a defnyddio goslef ac ystum i wahaniaethu rhwng siaradwyr, yn arbennig mewn darn sy'n cynnwys holi ac ateb. Bryd hynny, cyferchir yr ail siaradwr yn aml, i osgoi amwysedd, neu defnyddir geirynnau fel 'wel' neu 'o' i nodi'r ffin rhwng y naill siaradwr a'r llall (Bauman 1986: 66–7). Dewis arall yw'r hyn a elwir yn ymdoddi neu 'fade-in' – 'an indirect quotation fades into a direct one' (Tannen 1989: 117), er enghraifft:

> A'r gwas byrrvelyn a aeth parth a'r brenhin, ac ynteu a dywawt mae tebyccaf oed gantaw vot y maccwy a gyfarfu ac ef yn wr o'e verch. 'Ac onyt gwr, mi a tebygaf y byd gwr idi yn y lle onyt ymogely racdaw.' (HP 63.17–21)

Wrth ddadansoddi chwedlau'r *Mabinogion*, dadleuwyd bod y ganran o araith union yn awgrymu'n glir fod awduron *Pedeir Keinc y Mabinogi*, *Owein*, *Gereint*, *Culhwch ac Olwen* a *Peredur* (fersiwn P4) yn sylweddoli effeithiolrwydd y dechneg wrth adrodd stori: y mae oddeutu 40 y cant o'r naratif mewn araith union (Davies 1995: 198). Y tag 'heb x' a ddefnyddir fwyaf yn y tair chwedl gyntaf: 78 y cant yn *Pedeir Keinc y Mabinogi*; 76 y cant yn *Owein*; 75 y cant yn *Gereint*. Yn fersiwn y Llyfr Coch o *Culhwch ac Olwen*, fodd bynnag, ni ddefnyddir 'heb x' ond 25 y cant wrth gyflwyno araith union; gwell gan y golygydd beidio â defnyddio tag o gwbl (40 y cant). O ran y tair fersiwn o *Peredur* sydd dan sylw yma, gellir canfod y tagiau canlynol:

Tabl 4.2: Tagiau'r tair fersiwn

	P7		P14		P4	
Tag	%	N	%	N	%	N
(-) heb x (-)	71	137	71	41	51	167
dim tag	10	19	19	11	38	123
dywawt x/x a dywawt	11	21	–	3	7	23
x a dywawt - heb x	7	13	–	2	–	2
heb x - heb x[21]	–	2	–	–	–	2
ac a dywawt val hyn	–	1	–	–	–	1
sef attep a rodes idaw	–	1	–	–	–	–
gouyn	–	–	1	–	–	–
erchi - heb x	–	–	–	–	–	2

Fel y gwelir, y mae'r tair fersiwn yn ymbatrymu'n wahanol: y mae P7 a P14 yn dilyn y *Pedeir Keinc* a'r ddwy ramant arall o safbwynt y defnydd o'r tag 'heb x', ond y mae'r ganran yn P4, ar y llaw arall, yn is o lawer. Fel yn *Culhwch ac Olwen*, ceir darnau estynedig o ddeialog heb dagiau yn P4 (rhyw 24 i gyd). Holi ac ateb uniongyrchol yw cynnwys y rhan fwyaf ohonynt, ac ni chyfyd unrhyw amwysedd ynglŷn â phwy yw'r siaradwr. Mewn un achos diddorol, lle yr ailadroddir yr un ddeialog, y mae P4 yn gofalu cynnwys tagiau y tro cyntaf:

> Ac val y byd yn kerdet llyma varchawc yn kyfaruot ac ef. 'Py le pan deuy ti?' heb y marchawc. 'Pan deuaf o lys Arthur,' heb ef. 'Ae gwr y Arthur wyti?' 'Ie, myn vyg cret,' heb ef. 'Iawn lle yd ymardelw o Arthur.' (HP 15.27–16.3)

Fodd bynnag, crynhoir y ddeialog yr eildro trwy ddefnyddio araith anunion a hepgor y tagiau:

> Ar hynt gofyn a wnaeth y marchawc y Peredur py le pan deuei. 'Pan deuaf o lys Arthur.' 'Ae gwr y Arthur wyt ti?' 'Ie, myn vyg cret.' 'Iawn lle yd ymgystlyny o Arthur.' (HP 21.25–30)[22]

O ganlyniad, ceir adlais o'r ddeialog gyntaf, ond heb unrhyw ailadrodd beichus. Y mae'r gwrandawr/darllenydd yn gwybod beth i'w ddisgwyl, ac felly llwyddir i symud y naratif ymlaen yn gyflym. Nid yw P7 mor gelfydd:[23]

> ac val y byd yn kerdet ynechaf varchauc yn kyuaruot ac ef pwy dydy ebyr hwnnw ay gwr i arthur wyt ti ye myn vy kret eb y peredur yewn lle yd ymgystlyneist di o arthur. (HP 162)

> Sef y govynnawd y marchavc y peredur pwy oed ac o ba le pan deuei. O lys arthur y dodwyf i eb y peredur ay gwr i arthur wyt ti eb y marchauc. Ie eb y peredur Iewn lle yd ymgystlyneist eb y marchawc (HP 165)

Ar yr olwg gyntaf, felly, ymddengys fod fersiwn P4 o *Peredur* yn wahanol i'r chwedlau eraill o safbwynt tagio araith union. Oherwydd bod y testun yn cynnwys adrannau amlwg (gweler Tabl 4.1), dadansoddwyd y tagio fesul adran, gan ganolbwyntio ar y ddau brif dag ac absenoldeb tagio:[24]

Tabl 4.3: Tagiau yn y gwahanol adrannau

Adran	% *heb* x	% dim tag	% *dywawt* x	N
IA (HP 7.1–35.23)	75	21	3	149
IB (HP 35.24–42.18)	38	42	19	26
II (HP 42.19–56.15)	27	56	10	70
III (HP 56.17–70.25)	32.5	51	7.5	80

Gwelir ar unwaith fod y patrwm yn Adran IA yn ymdebygu i'r hyn a welir yn *Pedeir Keinc y Mabinogi*, *Owein* a *Gereint* (gweler t.84). Pwynt pwysig arall yw bod pedair o'r pum enghraifft o 'dywawt' yn yr adran hon yn digwydd mewn bloc gyda'i gilydd, tua diwedd yr adran (HP 32.6–33.20).[25] Un rheswm dros ddefnyddio 'dywawt' yn y man arbennig hwn, efallai, yw bod sawl cymeriad yn siarad â'i gilydd. Y mae hyn yn fwy anodd i'w gynnal, ar lafar ac mewn ysgrifen, na sgwrs rhwng dau. O ddefnyddio 'dywawt', gellir ychwanegu 'wrth' – anaml iawn y ceir 'heb ef wrth' – fel y dengys tair o'r pedair enghraifft dan sylw:

P4

1. Ac yna y dywawt Gwalchmei, 'Ny dylyei neb kyffro marchawc . . . Ac or byd da genhyt ti, arglwyd, miui a af . . .' (HP 32.6–14)
2. Ac yna y dywawt Gwalchmei wrth Gei . . . (HP 32.29)
3. Yna y dywawt Arthur wrth Walchmei . . . (HP 33.5)
4. Dyuot a wnaeth Gwalchmei attaw . . . ac y dywawt wrthaw . . . (HP 33.13–15)

Wedi dweud hynny, y mae technegau eraill ar gael i ddynodi'r siaradwr a'r un a gyferchir, fel y dengys yr enghreifftiau cyfatebol o fersiwn P7:

P7 (HP 170–1)

1. Sef a dwawt gwalchmei yna na dlei nep kyffroi marchawc . . . Ac os da gennyt ti arglwydd eb y gwalchmei wrth arthur myvi a af . . .
2. Kei eb y gualchmei. gormord . . .
3. Ac yna y dwawt arthur wrth walchmei ys da dywedeist di hynny walchmei . . .
4. Sef y dyvawt gwalchmei wrth baredur yna. pae tebygwn i vnben . . .

Wrth gyflwyno deialog ar lafar, gellir cyfarch y gwrandawr (Davies 1995: 201), yn hytrach na defnyddio 'dweud wrth', fel yn yr ail enghraifft o P7 uchod; fodd bynnag, diangen o safbwynt y llenor yw'r ddau gyfeiriad at Walchmai yn y drydedd enghraifft.

Gwelir, felly, fod adran agoriadol fersiwn P4 o *Peredur* yn wahanol i'r gweddill o'r chwedl o safbwynt y tagio, a bod newidiadau yn ymddangos cyn diwedd yr adran, efallai oherwydd natur y ddeialog. Dyma'r union fan y gwêl Thomas y newid ieithyddol yn P4 (t.37). Y mae'r tagio yn P4, felly, yn atgyfnerthu ei ddadleuon ef ynglŷn â'r rhaniad yn y fersiwn hon.

* * *

O gymharu'r tair fersiwn, felly, beth a ddatgelir am gynnydd *Peredur vab Efrawc*? P7, yn ddiau, yw'r fwyaf amrwd: fel yr awgryma cydlyniad y brawddegau a'r tagiau tawtolegol, er enghraifft, dyma'r testun sydd agosaf at y traddodiad llafar. Ceir yr argraff mai ymdrech gynnar iawn, os nad yr ymdrech gyntaf, i drosglwyddo'r chwedl i femrwn sydd gennym yn P7. Y mae yma ryw ruthr a bwrlwm, a hynny'n arwain at ddiofalwch ar brydiau, heb fawr o boeni am gaboli'r mynegiant. Chwedl i'w darllen yn uchel, yn sicr, sydd yma, a'r geiriau ar y memrwn yn adleisio rhythmau'r iaith lafar, yn union fel y mynn Elsky (1989: 115–16):

> the medieval manuscript was for the most part meant to be read aloud rather than examined as writing, and it was therefore perceived aurally rather than visually. Its crabbed script and extensive use of abbreviations suggests that its writing functions as a reminder of words recalled as oral utterances in the acoustic memory . . . From the point of view of both the composer and his audience, the written word of the manuscript was closely associated with the flow of actual speech.[26]

Er bod P14 yn debyg i P7 o safbwynt cydlyniad yr elfennau cysylltiol, y mae'r fersiwn ddiweddarach yn dangos mwy o ddisgyblaeth ac yn awgrymu llaw golygydd ar y testun. Crynoder yw'r nodwedd amlwg – y mae'r fersiwn hon 7 y cant yn fyrrach na P7 – ac yn arbennig felly wrth gyflwyno araith union: ceir llawer llai o dagiau tawtolegol nag yn P7 ynghyd â chanran uwch o areithiau heb dagio. O gymharu â P7, hepgorir rhai geiriau ac ymadroddion yn llwyr; er enghraifft, ni chynigir eglurhad bob tro wrth adrodd y stori. Efallai mai copïo esgeulus sydd i gyfrif am hyn; ond o graffu'n fanwl, gwelir nad yw'r wybodaeth goll yn wir angenrheidiol:

1. sef a oruc peredur gyrru y geiuyr y mewn ar ewiged gyt ac wynt (HP 182)
   Ni ddatgelir i ba fath o adeilad y gyrrir yr anifeiliaid.

2. Ac yn ol hynny y doeth marchawc bieuuoed y pebyll . . . Ac yna y kyfuodes syberw y llannerch . . . (HP 183–4)
   Y mae P4 a P7 yn nodi enw'r marchog ar ddechrau'r olygfa, yn union ar ôl 'bieuuoed y pebyll', yn hytrach nag ar y diwedd fel yn P14.

3. ar marchawc a gymyrth y goluwrch o law wenhwyuar (HP 184)
   Ni chafwyd unrhyw gyfeiriad cyn hyn at 'y goluwrch'.

4. Ac ar hynny nachaf y gorres yn dyuot y mewn. (HP 184)
   Ni chafwyd unrhyw gyfeiriad cyn hyn at 'y gorres'.

Ceir yr argraff bod y golygydd – a'r gynulleidfa darged, efallai – eisoes yn gyfarwydd â'r chwedl. Unwaith eto, er y crynhoi, perthyn i'r un byd llafar â P7 y mae P14. Wrth droi at fersiwn P4, fodd bynnag, daw gwahaniaethau arwyddocaol iawn i'r amlwg. Fel y gwelwyd, gall y golygydd, neu'r ffynhonnell y gweithiai ohoni, fod yn gynnil: y mae cydlyniad y brawddegau a'r cymalau yn awgrymu ymdrech i saernïo'n ofalus, a'r diffyg tagio wrth gyflwyno araith union yn adlewyrchu ymdrech i symud ymaith elfennau gwastraffus yn y mynegiant. Ond, ar yr un pryd, y mae naratif P4 yn helaethach: ychwanegir cymalau cyfan drwy ymhelaethu ar y fformiwlâu traddodiadol a chreu dybledau o'r newydd; llwyddir i fywiogi'r mynegiant drwy ddefnyddio mwy o araith union; dangosir diddordeb mewn dadansoddi cymhellion a chymeriad; a rhoddir cymorth i'r darllenydd drwy gael gwared ar amwyster a thrwy resymoli, nodwedd sydd efallai'n awgrymu cynulleidfa lai hyddysg yn y chwedlau traddodiadol.

Y mae gan fersiynau P7, P14 a P4 o *Peredur vab Efrawc*, yn sicr, ddyled i grefft y cyfarwydd, crefft a chanddi gonfensiynau arbennig a ddatblygodd oherwydd gofynion cyfansoddi byrfyfyr, cyfyngiadau'r cof, a'r angen am gyfathrebu'n uniongyrchol ac effeithiol â chynulleidfa mewn perfformiad cyhoeddus. Bellach y mae'r chwedl wedi ei gwasgu 'i fyw mewn croen llo', a phob fersiwn yn datgelu rhywbeth unigryw am y prosesau sydd ar waith wrth i destun canoloesol ymgartrefu yn y cyfrwng newydd hwnnw. Efallai, gyda gofal, y gall cynnydd *Peredur vab Efrawc* daflu goleuni newydd ar gronoleg testunau rhyddiaith canoloesol eraill; eithr y mae angen llawer mwy o ymchwil cyn gallu defnyddio, gydag unrhyw sicrwydd, nodweddion fel confensiynau tagio, cydlyniad cysylltiol a natur fformiwlâu yn feini prawf. Un peth a ddaw yn hollol amlwg, sef na ellir ystyried un 'awdur' i chwedl *Peredur vab Efrawc*, nac ychwaith un 'testun'. Traddodiad parhaus sydd gennym: copïo, golygu ac ailysgrifennu, a hynny ar gyfer cynulleidfa wahanol bob tro.

Nodiadau

[1] Gweler, er enghraifft, waith Richard Bauman (1977, 1986) a Dell Hymes (1974, 1981).

[2] Ynglŷn â darllen yn uchel yn yr oesoedd canol, gweler yn arbennig Green (1994), Davies (1998), Manguel (1996: 109–23), a Coleman (1996).

[3] Manylir yma ar fersiynau Peniarth 4, 14 a 7 – y mae fersiynau'r Llyfrau Gwyn a Choch yn weddol debyg (gweler Peter Wynn Thomas, uchod)

[4] Gweler, er enghraifft, Clover (1986), Finnegan (1970), Biebuyck (1972) a Davies (1995: 29–39).

[5] Cymharer hanes Iesu Grist: anaml yr adroddir ei fywgraffiad yn gyflawn o'i enedigaeth hyd at ei groeshoeliad a'i atgyfodiad, ond o wrando ar un episod yn hanes ei fywyd yr ydym yn reddfol yn ei lleoli mewn cyd-destun ehangach.

[6] Nid oes unrhyw dystiolaeth o'r fath yn P14 a P7.

[7] Y mae rheswm dros gredu bod y rhamantau cyfandirol o leiaf yn cael eu darllen yn uchel fesul episod, un episod bob nos (Chaytor 1945: 5, 58), ac efallai bod hyn yn wir yn achos y rhamantau Gwyddeleg hefyd, fel yr awgryma Bruford (1969: 9).

[8] Yn P7 ceir fformiwla ar ddiwedd Adran II i gloi'r chwedl gyfan: 'Ac y velly tervyna kynnyd paredur ap Efrawc' (HP 181).

[9] Ar ddechrau Adran III ychwanegir yr ymadrodd 'priflys idaw' at y fformiwla agoriadol gyffredin, cyfuniad a ddigwydd hefyd yn *Pedeir Keinc y Mabinogi* (I. Williams 1930: 1 a 8).

[10] Cymharer sylwadau Brynley F. Roberts ar t.62.

[11] Defnyddir yr enw priod 'Peredur' yn hytrach na'r llysenw yn P7.

[12] Ceir trafodaeth fanwl o'r fformiwlâu hyn, a'r modd y'u cyfunir yn *Peredur*, yn Davies (1995: 166–2).

[13] Y mae hyn yn wir am fersiynau P14 a P7 hefyd, fel y gwelir yn y man.

[14] Gweler HP 10.7–11, 17.6–7 a 18.26. Y mae'r cam arbennig hwn yn y fformiwla yn digwydd hefyd yn *Manawydan* ac yn *Breudwyt Maxen* (Davies 1995: 178–80).

[15] Sylwer bod yr enghreifftiau ar tt. 26–7 yn rhan o'r un episod, lle y ceir pedwar digwyddiad cyfatebol. Efallai mai enghraifft o gynildeb P4 a geir yma, lle na ddefnyddir yr ymadrodd 'tros pedrein y varch' ond y tro cyntaf (HP 26.13–14).

[16] Cymharer HP 7.27–8.6 lle y defnyddir 'ef a gymhellawd' a 'gyrru' yn hytrach nag ailadrodd 'gyrru' fel yn P14.

[17] Cymharer P7: 'keissiaw diosc y beis haearn' (HP 162), a P14: 'nyt hawd . . . gan y beis haearn dyuot y am y gwr' (HP 185).

[18] Yn P14 a P7, Gwalchmai sydd yn ceryddu Cai am anfon Peredur ar ôl y Marchog Coch. Yn P4, ar y llaw arall, gan Owain y chwaraeir y rôl hon.

[19] Gweler P4: HP 37.14.

[20] Ceir saith llw yn P14: mewn tri achos, defnyddir yr un llw yn y tair fersiwn ('myn vyg kret'); ceir dwy enghraifft lle y cytuna P14 â P7 ('y rof a duw' a 'myn vyg kret'), a dwy enghraifft lle y cytuna P14 â P4 ('myn vyg kret' a 'dioer'); yna un enghraifft lle nad oes llw i gyfateb â'r 'myn vyg kret' a geir yn P4 a P7.

[21] Hynny yw, ailadrodd y tag yn yr un araith.

[22] Defnyddir llythrennau bras hefyd i nodi newid siaradwr. Diau y gallai astudiaeth fanwl o atalnodi daflu goleuni pellach ar y berthynas rhwng y fersiynau.

[23] Y mae testun P14 yn gorffen cyn cyrraedd yr ail ddeialog.

[24] Oherwydd hynny, ni chynrychiolir yr holl enghreifftiau yn y dadansoddiad.

[25] Daw'r bumed enghraifft ar ddiwedd yr episod, gweler HP 34.30.

[26] Ceir talfyrru helaeth yn fersiwn P7.

'ARBENNIC MILWYR A BLODEU MARCHOGYON': CYMDEITHAS *PEREDUR*

Morfydd E. Owen

Lluniwyd y bennod hon ar ôl imi anwybyddu chwedlau Cymraeg Canol am gyfnod o ddeng mlynedd er mwyn ymbalfalu yn ogofeydd y Gogynfeirdd. Wrth ddarllen *Peredur* o'r newydd, yr hyn a'm hysgytwodd oedd y gwahaniaeth trawiadol rhwng y darlun o gymdeithas a bortreedir yn y rhan fwyaf o farddoniaeth llys y Gogynfeirdd a'r hyn a geir yn y rhamantau, a'r ddau yn gynnyrch yr un cyfnod, ac yn ôl pob tebyg yr un cefndir llysaidd. Ym myd awdlau mawreddog beirdd fel Dafydd Benfras neu Brydydd y Moch cyflwynid llys a leolid fel arfer mewn canolfan lwythol megis Dinas Emrys, Degannwy neu Aberffraw a'i hanes yn mynd yn ôl i'r 'oesoedd tywyll' (Owen 1992b). Llysoedd oedd y rhain a reolid gan ryfelwyr a'u hachau hwythau yn mynd yn ôl i'r chweched ganrif a thu hwnt. Yn llysoedd y Gogynfeirdd yr oedd tywysogion a'u rhyfelwyr a ymladdai er mwyn cadw tir a daear Cymru a ddelid gan wrywod tylwythau a'u hachau yn ddwfn yn y pridd – eu cadw rhag yr Eingl, rhag gwŷr Bryneich a Deifr ac yn y blaen. Glynu at y gorffennol yr oedd y beirdd er mwyn sicrhau parhad i ddelfrydau a darddodd o oes Taliesin ac Aneirin yn y chweched ganrif (Owen 1992a). Ar wahân i ychydig o gerddi serch y mae'r pwyslais a geir ym marddoniaeth llys y Gogynfeirdd i gyd ar *battle and booze*, a dyfynnu ymadrodd poblogaidd afledneis braidd. Gwahanol iawn yw llys y rhamant. Ar wahân i lys Arthur yng Nghaerllion ar Wysg nid oes lleoliad pendant i lysoedd *Peredur*. Ni chysylltir unigolion ag nac ach na man penodol. O'i gymharu â byd y Gogynfeirdd, byd harddwch, byd lle y rhoddid y pwyslais pennaf ar 'foes a mynud' ac awyrgylch benywol, yw byd llys y rhamantau. Wrth fyfyrio ar y gwahaniaethau hyn daeth brawddeg o eiddo'r

Athro Rees Davies (1987: 100) i'm meddwl: 'Wales by the end of the twelfth century was a country of two peoples', sef Cymry *Pura Wallia* ac Eingl-Normaniaid y Mers. Gellid ychwanegu mai gwlad ydoedd a feddai ar ddwy set o ddelfrydau llenyddol. Y mae'r gwahaniaeth rhwng delfrydau ac awyrgylch cymdeithas lysaidd y Gogynfeirdd a chymdeithas lysaidd y rhamantau yn enbyd.

Yn y bennod hon ceisiaf ddidoli rhai o'r edafedd a geir yng nghyfrodedd y darlun o gymdeithas a roddwyd yn *Peredur* a dyfalu beth yw arwyddocâd y gwahaniaeth yn y ddelfrydiaeth. Ond cyn gwneud hynny rhaid ystyried hanfodion y chwedl, y tueddir i'w phriodoli ar hyn o bryd i'r drydedd ganrif ar ddeg. Yr hyn a geir ynddi yw cymysgedd o themâu a motifau sydd yn nodweddiadol o lenyddiaeth a thraddodiadau cynnar Cymru ac Iwerddon – themâu megis sofraniaeth sydd erbyn cyfnod y rhamant wedi colli eu harwyddocâd mythig i gael eu defnyddio yn alegorïaidd (Goetinck 1975: 168–82; Lovecy 1978). Corfforwyd y themâu hyn mewn chwedl a adroddwyd mewn dull croniglaidd. Addurnwyd hwy gan ddyfeisiau rhethregol sydd yn cydymffurfio ag egwyddorion y llawlyfrau rhethreg clasurol, megis y disgrifiadau o bobl yn dilyn y drefn *a capite ad pedem* neu'r enghreifftiau o'r *topos pulchritudo* yn y portread o'r cymeriad a adwaenir yn y Ffrangeg fel Blanchefleur (HP 23. 15–22), a *vituperatio,* fel yn y portread o'r Forwyn Hyll (HP 56–7).

Bywhawyd adroddiad y stori gan ddyfeisiau stoc y cyfarwydd, sef ymddiddan, fformiwlâu ac araith (Davies 1989, 1995; Roberts 1992: 82–4), a fframwaith y cwbl yw hanes taith marchog crwydrad sydd yn mynd trwy'r broses o'i addysgu mewn delfrydau marchogaeth, a'i deyrnged i Arthur a'i lys. Atalnodir hanes episodig ei daith gan ymadroddion megis 'Peredur a gerdawd racdaw'. Y mae pob un o'r gweddau hyn ar y chwedl wedi dal sylw gwahanol ysgolheigion: sylwyd ar y motifau a'r themâu gan Roger Loomis (1949) a Rachel Bromwich (1961, 1974), ar nodweddion arddull y cyfarwydd gan Sioned Davies (1989, 1995), ar yr adeiladwaith gan Ceridwen Lloyd-Morgan (1981) a Bill McCann (1985); tynnodd Brynley Roberts (1992: 135–9) sylw at yr elfen sifalrïaidd gymdeithasol, a Patricia Williams (1982) at yr elfen o serch. Wrth drafod cefndir cymdeithasol *Peredur* canolbwyntir yma ar dri pheth: personél, safle'r llysoedd ac olion gwybodaeth o gymdeithas sifalrïaidd.

Yn gyntaf, edrycher ar bersonél byd Peredur. Teitlau nas ceir fel arfer yn y farddoniaeth nac yn y chwedlau brodorol yw teitlau parch y rhan fwyaf o gymeriadau Peredur. Y mae Arthur yn ymherodr yn null Sieffre o Fynwy, a osododd yn *Brut y Brenhinedd* sylfeini ffug-hanesyddol i'r holl ramantau Arthuraidd. Ymerodres yw priod Peredur. Ieirll ac arglwyddi, iarllesau ac arglwyddesau biau'r llysoedd y mae Peredur yn ymweld â hwy. Y mae'n ymladd â marchogion a hwy yw ei gymdeithion yn llys Arthur. Y mae'n cwrdd â *balawc* a *manacheseu*. Yn nhermau *realpolitik* yr oes, y personél a gysylltir â rheolaeth Eingl-Normanaidd y Mers biau'r llysoedd.

Gelwir pendefigion y chwedl fel arfer yn *ieirll*. Enw a fenthyciwyd yn wreiddiol o'r ffurf Norseg *jarl*, o bosibl trwy'r Hen Saesneg, yw *iarll*. Defnyddid *jarl* yn wreiddiol i gyfeirio at arweinwyr mawr y teyrnasoedd Llychlynnaidd fel Jarl Orkney o ddiwedd y nawfed ganrif ymlaen (Loyn 1977: 99). Ar ddiwedd y cyfnod Eingl-Sacsonaidd, ieirll, fel yr Iarll (*Eorl*) Godwin, oedd prif reolwyr Lloegr o dan y brenin. Yr oeddent yn brin ac yn bwerus. Yr enghraifft gyntaf, yn ôl pob tebyg, yn llenyddiaeth y Gymraeg yw'r cyfeiriad at yr iarll yn llys Arawn ym mabinogi *Pwyll* (I. Williams 1930: 4.18). O ystyried hynafiaeth dybiedig y chwedl, dichon mai cyfeirio at ryw *jarl* neu *eorl* a oedd yn berson pwysig cyn 1066 y mae'r enghraifft honno. Y mae'n bosibl hefyd mai rhyw frithgof am iarllaeth Northumbria gyda chanolfan yng Nghaerefrog sydd yn cyfrif am y sôn am iarllaeth Efrog Iarll a geir ym mrawddeg gyntaf *Peredur* (HP 7.1). Ar ororau Cymru, fodd bynnag, crëwyd iarllaethau mawr o dan ddeiliaid arbennig Gwilym Goncwerwr – iarllaethau megis Caer, Henffordd, Amwythig a Chaerloyw a lliaws o fân rai eraill (Davies 1987: 27–31) – yn sgîl y Goncwest Normanaidd. Yr oedd creulondeb a mynych ryfela'r ieirll hyn ymhlith ei gilydd ac yn erbyn y Saeson a'r Cymry yn enwog, fel y dangosodd Orderic Vitalis, er enghraifft. Disgrifiodd sut y symudai Hugh, Iarll Caer, o gwmpas gyda gosgordd a oedd cymaint â byddin, a sut y cynhaliai *jousts* a chystadlaethau ymladd yn ei lys (Chibnall 1969: 261–31). Ni wn ond am un enghraifft o ddefnyddio'r gair *iarll* yng ngwaith y Gogynfeirdd, a hynny mewn cerdd i'r Arglwydd Rhys gan Seisyll Bryffwrch, lle y sonnir amdano'n trechu pum iarll, sef Reginald o Gernyw, William o Gaerloyw, Roger o Hartford, Richard o Benfro a Phadrig o Salsbri yng

Nghefn Rhestr Main yn 1159 a'r rheini'n ieirll Normanaidd (Owen 1994: 404). Y mae'r llinellau yn eithriadol oherwydd eu bod hefyd yn uniaethu Rhys ei hunan â byd ieirll a marchogion trwy ei alw yn gad-farchog:

Rhag pum ieirll taer oedd ef yn gaer, yn gadfarchawg:
Un, Iarll Cernyw rhag ein aerllyw, eurllaw roddawg;
Ail, Iarll Brystau rhag post cadau oedd cadwynawg;
Trydydd, Iarll Gwent, trydydd torment, torf gymrwynawg;
Pedwerydd dig oedd Iarll Padrig rhag pedryddawg;
Pumed, Iarll Clâr rhag gwalch gwanar oedd gwareddawg.

(Owen 1994: 399.32–7)

Erbyn canol y drydedd ganrif ar ddeg, fodd bynnag, yr oedd y term *iarll* wedi dechrau magu arwyddocâd gwleidyddol, hyd yn oed y tu mewn i *Pura Wallia*. Corfforwyd dwy stori bropaganda yn dyrchafu enwau brenhinoedd y Brythoniaid a'r Cymry yn llyfrau cyfraith Gwynedd. Defnyddia'r ddwy y term *iarll*. Yn y naill, sef hanes Dyfnwal Moelmud, disgrifiwyd Dyfnwal fel mab i Iarll Cernyw (Lloyd ac Owen 1986: 129–30). Yn y llall – y stori sydd yn adrodd hanes Maelgwn Gwynedd yn ennill yr hawl i osod ei oruchafiaeth ar arweinwyr eraill Cymru drwy feistroli'r tonnau wrth aber afon Dyfi – sonnir am ieirll Dinefwr, Mathrafal a Chaerllion (sef Caerllion ar Wysg), yn talu teyrnged i frenin Aberffraw (Owen 2000: 233–6). Hynny yw, i bropagandyddion Gwynedd yr oedd yr ieirll hyn yn dwyn yr un math o statws mewn perthynas â thywysogion Gwynedd â'r ieirll a dalai deyrnged ffiwdal i frenin y Saeson a'r Eingl-Normaniaid yn Lloegr. Ymestynnodd efelychiad tywysogion Gwynedd o'r Normaniaid at deitlau eu deiliaid. Eithriadol, fodd bynnag, oedd defnyddio'r teitlau hyn ymhlith y Cymry.

Os oedd gwahaniaeth rhwng teitlau uchelwyr Cymru a'r deyrnas Eingl-Normanaidd yr oedd gwahaniaeth hefyd rhwng arferion cymdeithasol y Mers a *Pura Wallia*. Yn y Mers yr oedd bodolaeth iarllesau gweddw ac etifeddesau amddifad yn nodwedd ar gymdeithas. Yn wahanol i arferion *Pura Wallia*, lle nad oedd menywod yn cael etifeddu tir, yn *Peredur* sonnir am fenywod megis Morwyn y Gaer neu Blanchefleur (a defnyddio'r enw a roddir ar y cymeriad cyfatebol yn rhamant Chrétien de Troyes), a'r Ymerodres yn berchen ar deyrnasoedd ac iarllaethau.

Gallai eu presenoldeb yn y chwedl adlewyrchu arfer cymdeithas y Mers ar lefel wleidyddol, er i Diverres awgrymu yn achos *Owein* ei bod yn dangos dylanwad fersiwn Ffrangeg Chrétien de Troyes o'r chwedl (Diverres 1982: 150–1). Y mae dau eithriad i'r teitlau estron a roddir ar y personél yn *Peredur*, sef *distain* a *phenteulu*, a ddefnyddir am swyddogion yr iarll yn llys Morwyn y Gaer (HP 26.20, 27.10): swyddogion oedd y rhain y canodd y Gogynfeirdd iddynt (Owen 1996: rhifau 7, 15, 18). Sonnir hefyd am 'deulu o drychanwr' (HP 27.27): tri chant oedd y nifer draddodiadol yng ngosgordd y brenin Cymreig o ddyddiau'r *Gododdin* ymlaen. Wrth sôn am ddistain a phenteulu, defnyddia awdur *Peredur* enwau prif swyddogion y llys Cymreig yn ôl Cyfraith Hywel, ac awgryma'r rhain mai i gynulleidfa mewn ardal Gymreig a fyddai'n gyfarwydd â'r math hwnnw o fiwrocratiaeth y bwriadwyd y chwedl.

Canolfannau'r fiwrocratiaeth honno fel y'u portreedir yn *Peredur* oedd y lliaws o lysoedd a ddisgrifir yn y rhamant. Defnyddir geiriau megis *caer* a *neuadd* neu *gastell* – yr olaf yn air sydd bron yn llwyr absennol o waith y Gogynfeirdd – wrth gyfeirio atynt. Ymddengys fod y ddelw o lys mewn dyffryn, weithiau yn ymyl dŵr, yn *topos* trwy'r rhamantau i gyd. Patrwm y cestyll hyn fel arfer yw llys a chaer o'i gwmpas:

> ac yn y diwed ef a doeth y goet mawr ynyal, ac yn ystlys y coet yd oed llyn, a'r tu arall y'r llyn yd oed llys vawr a chaer telediw yn y chylch. (HP 16.28–30)

ac eto:

> Ac ef a doeth y goet mawr, ac yn diben y coet ef a doeth y dol wastat, a'r tu arall y'r dol y gwelei gaer vawr a llys telediw. (HP 18.23–5)

Y mae disgrifiad cyffelyb o lys yn ffurfio *topos* hefyd mewn cerddi serch o'r ddeuddegfed ganrif, megis yng nghanu Hywel ab Owain Gwynedd:

> Caraf-i gaer wenglaer o du gwenlan,
> Myn yd gâr gwyldeg gweled gwylan.
> (Bramley 1994: 150.1–2)

Sefydlwyd iarllaethau cyntaf y Mers erbyn diwedd yr unfed

ganrif ar ddeg ac yn eu sgîl ymddangosodd lliaws o gestyll bychain. *Palis* a *motte*, sef caer a thwmpath, oedd ffurf y cestyll hyn i ddechrau, ond wrth i'r ddeuddegfed ganrif fynd rhagddi datblygodd y cestyll i gynnwys caer, neuadd ac ystafell (King 1983; Davies 1987: 91; Avent 1983). Ymledodd yr arfer o godi cestyll o'r fath ymhlith y tywysogion Cymreig – cododd Cadwallon ap Madog ab Idnerth o Faelienydd, er enghraifft, nifer ohonynt ym Maelienydd (Remfry 1995: 21–3) – ac erbyn diwedd y ddeuddegfed ganrif gwlad y cestyll oedd Cymru (Davies 1987: 90). Ceyrydd a chestyll o'r math a ddisgrifiwyd, hyd y gellir barnu, a geir yn *Peredur*. Yr oedd pwysigrwydd sumbolaidd i gastell:

> Castles were seldom, if ever, in their own day purely functional fortifications, certainly they were often homes as well (which fact imported an extra set of governing criteria), but, above all else, the builders sought to evoke in some manner, the *moeurs* of chivalry, the lifestyle of the great and the legends of the feast. (Coulson 1979: 74)

Y '*moeurs* of chivalry' yw'r elfen estron fwyaf llywodraethol yn *Peredur*, ac i raddau llai yn *Owein* a *Gereint*, o'u cymharu â byd y Gogynfeirdd. Y mae *Peredur* yn nodedig am roi darlun o un wedd arbennig ar y byd sifalrïaidd, sef y darlun o addysg farchogaethol 'which will make the innate qualities of the rustic Peredur blossom and give meaning to the prophecy that he is *flos militie* (Roberts 1992: 140). Caerllion yw llys Arthur, llys *Brut y Brenhinedd* gan Sieffre o Fynwy, ac ynddo ceir cwmni o farchogion yn ymladd er mwyn trechu gormeswyr, achub morynion a'u profi eu hunain o'u blaen a chipio gwobrau yn ddynion, yn feirch ac yn arfau i Arthur ei hun. Yn y llys hwnnw y ceisiai'r Peredur ieuanc yr hyfforddiant a'i gwnâi yn farchog, ac i bennaeth y llys hwnnw y talai deyrnged ar hyd ei yrfa.

Wrth drafod hanes datblygiad Peredur tueddid i roi pwyslais ar gynseiliau Celtaidd y chwedl. Dadleuid mai patrwm mabinogi neu *enfances* yr arwr Celtaidd sydd yn gorwedd o dan hanes addysg farchogaethol Peredur (Goetinck 1975: 156–61). Dichon bod hynny'n wir, eithr y mae haen amlycach wedi ei harosod ar hynny, sef patrwm hyfforddiant a datblygiad marchog y byd sifalrïaidd. Ond cyn edrych ar yr elfen honno yn y chwedl ystyrir rhywfaint ar hanes urdd y marchog a sifalri.

Defnyddid dau air am farchog yn Lladin y cyfnod, sef *eques* a *miles* 'rhyfelwr' (Keen 1984: 27); *miles* a geid amlaf. Yn yr unfed ganrif ar ddeg, daeth *miles* i olygu 'gŵr yn ymladd ar gefn ceffyl', ac wedyn golygai 'marchog' yn ei holl ystyron. Datblygiad o arferion cynnar iawn lle y rhoddid arfau i ddynion ifainc pan ddeuent i oed oedd cyflwyno arfau i farchogion gan arglwydd (Barber 1974: 38). Yn ystod y ddegfed ganrif a'r unfed ganrif ar ddeg yn sgîl defnyddio'r warthol (DeVries 1992; Keen 1984: 23–4; White 1962: 14–28), bu datblygiad yn nulliau ymladd â ffon (*lance*), sef 'fighting with the couched lance': dal y ffon yn y fath fodd o dan y cesail fel yr achosid clwyfau arbennig a pheri bwrw'r marchog oddi ar ei geffyl. Gofynnai'r dacteg hon am gryn gywreinrwydd ac, yn rhannol er mwyn ymarfer y dulliau newydd ar gyfer rhyfel, yn enwedig Rhyfeloedd y Groes, tyfodd ffasiwn y twrnamaint lle y deuai rhyfelwyr a oedd yn gysylltiedig â llysoedd arbennig at ei gilydd i gystadlu mewn arfau. Yn aml iawn, brodyr iau nad oedd ganddynt stadau oedd y rhyfelwyr neu'r marchogion hyn a chystadlu er mwyn ennill gwobrau, yn arfau, meirch a dynion a wnaent (Barber 1974: 159–82; Keen 1984: 89). Yng ngeiriau un awdurdod, y twrnameintiau mawr oedd *Derby* neu *Grand National* yr oesoedd canol, yn denu pob math o rialtwch, lle y deuai lluoedd â'u pebyll (*pavilions*) i wylio (Oakeshott 1960: 190) neu, yn nhermau cymdeithas Cymru gyfoes, Sioe Frenhinol Cymru neu'r Eisteddfod Genedlaethol. Tyrrai lluoedd mawr iddynt a chodid pebyll ar gyfer y gwylwyr. Dathlodd Edward I ei goncwest o Gymru trwy gynnal twrnamaint y Ford Gron yn Nefyn yn 1284 (Keen 1984: 93). Deuai gwragedd hardd yno i gefnogi'r marchogion ac i gyflwyno gwobrau iddynt. Aeth yr elfen gystadleuol yn rhemp yn y twrnameintiau: lladdwyd niferoedd mawr a gwastraffwyd eiddo. Tynnodd y twrnamaint feirniadaeth gan yr eglwys, a'i condemniodd gyntaf yng Nghyngor Clermont yn 1130 (Keen 1984: 94). Ni chaniataodd Harri I gynnal twrnameintiau yn Lloegr; yn ddiweddarach ceisiwyd rheoli'r arfer o'u cynnal gan Richard Coeur de Lion, a gyfyngodd arnynt trwy drwyddedu pum canolfan ym Mhrydain ar eu cyfer (Keen 1984: 86). Yn y cyswllt hwn y mae'n werth ystyried rhai o eiriau condemniol Jacques de Vitry, Esgob Acre o 1216 ymlaen, a geisiodd ddangos i farchog sut yr oedd y twrnamaint yn meithrin pob un o'r saith pechod marwol:

> Non carent quinto criminali peccato, id est avaricia vel rapina, dum unus alium capit, et non redimit, et equum quem cupiebat cum armis aufert illi contra quem pugnando prevaluit, sed occasione torneamentorum graves et intollerabiles exactiones faciunt et hominum (h)orum bona sine misericordia rapiunt, nec segetes in agris conculcare et dissipare formidant et pauperes agricolas valde dampnificant et molestant. (de Vitry 1890: CXL)
>
> (Nid yw'r pumed pechod troseddol yn brin ynddynt, hynny yw trachwant a thrais, tra bo'r naill yn herwgipio'r llall ac nid ydyw yn ei bridwerthu, ac ag arfau yn cymryd i ffwrdd [unrhyw] geffyl, a chwenychai, oddi ar y sawl a ormesa trwy ymladd; ond, ar achlysur twrnameintiau, cribddeiliant yn ormesol ac yn annioddefol a chymerant dda'r dynion hyn heb drugaredd, ac nid ydynt yn gwingo rhag sangu ar y cnydau yn y caeau a'u chwalu, ac ysbeiliant amaethwyr tlawd a'u poeni yn enbyd.)

Yn ystod y drydedd ganrif ar ddeg y gwelwyd y twrnamaint yn ei natur ysblennydd, ac y cafwyd y feirniadaeth lymaf arno. Yr oedd gofyn meirch da a gwisgoedd da ar ei gyfer a chreodd y datblygiadau hyn gymdeithas arbennig ymhlith y rhai a oedd yn gallu fforddio'r arfau a'r meirch i ddilyn y twrnamaint:

> New tactics and improved technology at each step strengthened the aristocratic bias of recruitment into knighthood, and sharpened in its ranks the awareness of a common bond, called chivalry, uniting all who could aspire to ride to wars and tournaments. (Keen 1984: 27)

Tyrrai'r marchogion ieuanc heb eiddo, neu heb etifeddu eu heiddo, a oedd ar ymylon cymdeithas, i lysoedd yr uchelwyr pwerus. Gogledd Ffrainc oedd cartref y mudiad. Ychwanegwyd dimensiwn Cristnogol at ddelfrydau sifalrïaidd y marchogion gan fudiadau'r Groesgad. Prif swyddogaeth marchog bellach oedd amddiffyn y ffydd Gristnogol a gorchfygu'r *infidel.* Ym myddinoedd y Groesgad cymysgai milwyr o holl wledydd Ewrop â'i gilydd ac ymledodd arferion y twrnamaint ac arferion sifalrïaidd drwy Ewrop. Yn sgîl hyn datblygodd seremoni urddo'r gwŷr yn farchogion trwy roddi arfau iddynt a bendithio eu cleddyfau a'u cysegru i ystad marchog. Yn *Liber Pontificalis* Alban Sant o Mainz, a ysgrifennwyd yn y ddegfed ganrif, ceir gweddi am fendithio'r cleddyf y mae'r marchog yn mynd i'w wisgo 'fel y byddai'n amddiffyn eglwysi, gweddwon a phlant amddifaid, yn erbyn y paganiaid, fel y bo'n ddychryn i bob drwgweithredwr arall ac yn gyfiawn ymhob ymosodiad ac amddiffyniad' (Barber 1974: 39; Keen 1984: 65). Datblygwyd llu o weddïau a llwon mwy cymhleth yn sgîl hynny, i ddathlu urddo marchogion a chynnig cyfarwyddiadau iddynt ar sut i ymddwyn. Cynhelid seremonïau urddo weithiau mewn llys ar ôl cyfnod o addysg neu o flaen brwydr fawr, neu yng Nghaersalem wrth Eglwys y Beddrod Sanctaidd. Sefydlwyd cymdeithasau o farchogion a glymwyd at ei gilydd gan eu hymlyniad at yr un rheolau a safonau moesol. Rhoddodd amgylchiadau'r goresgyniad Normanaidd ym Mhrydain gyfle i farchogion ieuainc, a hyfforddwyd yn y fath fodd, ymladd ac ennill eiddo ac enwogrwydd iddynt eu hunain. Enghraifft wych o ddyn a wnaeth ei enw yn llysoedd a thwrnameintiau gogledd Ffrainc ac a brifiodd ar y Mers oedd William Marshal, hyfforddwr mewn arfau i Harri Ieuanc, mab Harri II. Priododd ag etifeddes yr Iarll de Clare o Benfro, a daeth yn Iarll Penfro ei hunan (Painter 1933; Duby 1986; Crouch 1990). Y mae *L'Histoire de Guillaume de Marechal*, a gyfansoddwyd ar sail cyfarwyddyd un o'i gymdeithion agosaf, yn rhoi cystal syniad â dim o hanes bywyd marchog crwydrad yn ystod oes aur y twrnamaint (Meyer 1891). *Chevalier* enwog arall a enillodd enwogrwydd iddo'i hunan oedd Ffowc Fitz Waryn, a ddaeth i fri ar y Cyfandir; ar farwolaeth ei dad ymddiriedwyd gofal Mers Cymru iddo gan y Brenin Richard (Hathaway 1975). Ar droad y drydedd ganrif ar ddeg, felly, yr oedd dau arwr mawr y byd sifalrïaidd yn gysylltiedig â Chymru a'i gororau.

Rhoddid cyfarwyddiadau arbennig i farchogion newydd ynglŷn â'u moesau a'u hymddygiad, ac erbyn dechrau'r drydedd ganrif ar ddeg ymddangosai llawlyfrau a cherddi yn trafod theori sifalri, cyfansoddiadau megis y gerdd ddienw *Ordene de Chevalerie*, sy'n disgrifio Hugh, Iarll Tiberias, yn rhoi cyfarwyddiadau ynglŷn â marchogaeth i Saladin (Keen 1984: 6–8), neu *Llibre de l'ordre de cavalleria* gan Ramón Llull (Byles 1926). Galwodd Richard Barber sylw at y cyfarwyddiadau a geir mewn cerdd yn yr iaith frodorol a ganwyd gan glerigwr yn ardal afon Rhein yn y ddeuddegfed ganrif. Cynghora, ymhlith pethau eraill, i'r marchog fod yn ofalus o'i gyfoeth, dewis ei gwmni yn dda, mynd yn aml i'r eglwys, ymddiddori mewn ceffylau da, amddiffyn anrhydedd ei chwaer, ac ymarfer â gorchestion marchogaethol (Barber 1974:

47; Menhardt 1931). Adlewyrcha'r cyfarwyddiadau hyn ddatblygiad arall ar y bywyd sifalrïaidd:

> Chivalry and the worship of fair ladies are so intimately bound up as to become almost indistinguishable; the knight who aspires to military glory does not yearn to lead armies in Alexander's footsteps . . . but longs to shine for his prowess as an individual, that he may earn the silver of his lady's love. (Barber 1974: 71)

Barn ysgolheigion ar hyn o bryd yw mai perthyn i'r drydedd ganrif ar ddeg yn hytrach na'r ddeuddegfed yr oedd y cysylltiad rhwng sifalri a serch *courtois* yn ei holl ogoniant. Eithr yr oedd yr hadau yno cyn hynny. Ymhlith cyfarwyddiadau y clerigwr o ardal afon Rhein y mae adran sydd yn trafod serch: 'Dylai'r marchog ieuanc ordderchu gwraig fonheddig . . . Dylai guro wrth ei drws nes iddi ei agor iddo. Dylai siarad â hi wrth y pentan' (Barber 1974: 47).

Edrycher yn awr ar rai o'r cyfeiriadau at fyd sifalri a geir yn *Peredur*. Gosodir llwyfan sifalrïaidd y chwedl yn y paragraff cyntaf oll, lle yr adlewyrchir beirniadaeth yr oes ar y twrnamaint yn ei holl weddau – y cyfle i ennill a'r lladd anochel (ni cheir cyfeiriad cyfatebol yn rhamant Chrétien de Troyes):

> Efrawc iarll bioed iarllaeth yn y Gogled, a seith meib oed idaw. Ac nyt o'e gyfoeth yn benhaf yd ymborthei Efrawc, namyn o twrneimeint ac ymladeu a ryueloed. Ac ual y may mynych y'r neb a ymganlyno a ryuel ef a las, ac ef a'y chwemeib. A'r seithuet mab idaw, Peredur y gelwit. A ieuhaf oed hwnnw o'y seithmeib. Nyd oed oet ydaw uynet y ryuel nac ymlad. (HP 7.1–8)

Sonnir am dwrnamaint arall, lle y cyfarfu Peredur â'i wraig, fel cyfrwng ennill cyfoeth; disgrifir golygfa liwgar y twrnamaint hwnnw yn bebyll, yn wragedd teg, yn dyrfaoedd ac yn farchogion ysblennydd, ac ymerodres yn ben ar y cwbl (HP 53.12–56.9). Dengys geiriau'r melinydd a roes lety i Beredur sut yr edrychid ar y twrnamaint fel modd i ennill cyfoeth. Pan oedd Peredur wedi codi dyled am ei lety, yr awgrym yw bod yn rhaid iddo fynd i'r twrnamaint i ennill eiddo er mwyn talu ei ddyledion:

> 'Gwna y neyll peth,' heb y melinyd, 'ae tydi a tynho dy penn ymdeith, ae titheu a el y'r twrnemeint.' (HP 54.3–5)

A dychwelyd at y stori: y mae dechreuad *Peredur* – ei fabinogi – yn gyfarwydd. Er gwaethaf ymdrechion ei fam i'w gadw ymhell o beryglon y bywyd marchogaethol cyfarfu'r Peredur ieuanc â marchogion o lys Arthur. Ni wyddai beth oeddent, ond ar ôl cael esboniad gan un ohonynt, sef Owain, penderfynodd fynd, fel llawer o ddynion ieuainc yr oes heb eiddo, i ymuno â chwmni gŵr mawr, sef Arthur, er mwyn bod yn farchog. Hanes y gwahanol gamau ym mhroses ei hyfforddiant sy'n dilyn.

Ystyriwn felly hanes gyrfa Peredur a'i chysylltiad ag urdd y marchogion. Yn gyntaf, pa eiriau a ddefnyddir am y sawl a oedd yn dilyn y bywyd sifalrïaidd? Defnyddir dau air yn y Gymraeg, fel yn y Lladin, sef *marchog* (sydd yn cyfateb yn semantaidd i *eques* y Lladin), a *milwr* (sydd yn cyfateb i *miles*). Yn y cyswllt hwn efallai y dylid nodi bod cyfieithydd yr *Elucidarium* (J119) yn trosi'r ffurf luosog *milites* i'r Gymraeg â'r pâr 'y marchogyonn a'r kedyrnn' (Lloyd ac Owen 1986: 81–2). Ystyr wreiddiol *marchog*, fel *eques*, oedd 'un a âi ar gefn ceffyl'. Cedwir yr ystyr honno yn y frawddeg ganlynol yn *Peredur*:

> Ac val yd yttoed yn kerdet y dyffryn, ef a welei varchawc yn dyfot yn y erbyn ac arwyd balawc arnaw. (HP 61. 17–19)

Yma y mae defnyddio *balawc* 'offeiriad' yn diddymu unrhyw bosibilrwydd mai gŵr yn dwyn arfau a olygid gan *marchawc*. Eithr yr ystyr fwyaf cyffredin a geir i *marchawc* yn y rhamantau oedd 'dyn ar gefn ceffyl yn dwyn arfau', a'r mynegiant amlycaf o hyn yw'r diffiniad o farchog a'r disgrifiad ohono a roddir i Beredur gan Owain ar ddechrau'r chwedl:

> 'Dywet, eneit,' heb yr Owein, 'a weleisti varchauc yn mynet yma heibaw ay hediw ay doe?'
>
> 'Na wn,' heb ynteu, 'peth yw marchawc.'
>
> 'Y ryw beth wyf inheu,' heb yr Owein.
>
> 'Bei dywettut ti imi yr hyn a ofynhwn ytti, minheu a dywedwn itti yr hyn a ofynny titheu.'
>
> 'Dywedaf yn llawen,' [heb yr Owein].
>
> 'Beth yw [hwn]?' heb ef y'r kyfrwy.
>
> 'Kyfrwy,' heb yr Owein.
>
> Gofyn a wnaeth Peredur beth oed pob peth, a pheth a uynnit ac a ellit ac wynt. Owein a venegis idaw ynteu yn llwyr beth oed pob peth ac a ellit ohonaw. (HP 8.20–9.3)

Arferwyd *marchawc* yn yr ail ystyr hon yn gyntaf yn y cyfieithiadau Cymreig o *Frut* Sieffre. Weithiau manylwyd ar yr ystyr drwy ddefnyddio'r epithet *urdawl* (S. *ordained*): y broses o'i ordeinio oedd *urdaw* sydd, fel yr awgrymodd Brynley F. Roberts, yn gyfystyr â'r ferf Ffrangeg *adouber* (Roberts 1992: 138). Ystyr wreiddiol *adouber* oedd cyflwyno'r *adoubs* sef holl arfau a gwisg marchog i'r sawl dan sylw (Flori 1976: 915; Oakeshott 1960: 189). Uchelgais Peredur yw cael ei urddo'n farchog yn llys Arthur, lle, yng ngeiriau ei fam, 'y mae goreu y gwyr a haelaf' (HP 9.24–5). Defnyddia Peredur *urdaw* ac *urdawl* wrth ddatgan neges ei daith i lys Arthur: 'Vy mam a erchis im dyuot y'm vrdaw yn varchawc urdawl at Arthur' (HP 12.19–20). Adlewyrchir y cysylltiad rhwng bod yn 'varchawc urdawl' ac arfau yng ngeiriau Cai yn ei ateb i Beredur:

> 'Taw a'th son,' heb y Kei. 'Dos yn ol y marchawc a aeth odyma y'r weirglawd, a dwc y gorflwch y ganthaw, a bwrw ef, a chymer y varch a'e arueu. A gwedy hynny ti a gehy dy vrdaw yn varchawc urdawl.' (HP 13.26–30)

Goleddfir ymhellach ar yr enw, *marchawc*, trwy ddefnyddio'r ansoddair *arbennic*, a gyfieithwyd gan Jones a Jones (1949: 11) yn *knight in special*:

> Y varch a gyweirwyt idaw, ac ynteu a gyfodes ac a gyrchwys y weirglawd. A phan daw yd oed marchawc yn marchogaeth y varch a gwedy dyrchafel arwyd ymwan. Peredur a'e byryawd dros pedrein y varch y'r llawr. A llawer a uyrywys y dyd hwnnw. A phryt nawn, parth a diwed y dyd, ef a doeth *marchawc arbennic* y ymwan idaw, a bwrw hwnnw a oruc . . . (HP 26.10–17)

> A diwed y dyd ef a doeth *marchawc kymeredus arbennic*, a bwrw hwnnw a oruc. A nawd a erchis hwnnw. (HP 27.5–8)

Diddorol yw sylwi nad yw testun Peniarth 7 o'r chwedl yn defnyddio *arbennic*: yn lle *marchawc arbennic* ceir *marchawc fenedic* ac yn lle *marchawc kymeredus arbennic* ceir *marchawc kemeredus balch*.

Defnyddir *milwr* (Llad. *miles*) hefyd yn gyfystyr â *marchawc* mewn parau cyfystyr sy'n nodweddiadol o arddull y cyfarwydd:

> 'Haha,' heb ef, 'graessaw Duw wrthyt, Peredur dec vab Efrawc, *arbenhic milwyr* a blodeu marchogyon.' (HP 13.3–5)
>
> 'Haha,' heb hi, 'graessaw Duw wrthyt, Peredur tec vab Efrawc, *blodeu y milwyr* a chanhwyll y marchogyon.' (HP 13.14–16)

Yn y brawddegau hyn defnyddir term canmoliaethus am y marchog, sef 'blodeu marchogyon', sydd yn gyfarwydd mewn gweithiau ar sifalri, er nad term *sifalrïaidd* ydyw fel y cyfryw. Y mae ffurfiau cyfatebol yn gyfarwydd hefyd yn Lladin a Ffrangeg, sef *flos militiae* yn Lladin a *le flor de chevalerie* yn Ffrangeg. Cyfeirir at gyneddfau'r milwr fel *milwraeth*:

> Sef a oruc pawb yna, estwg y wyneb rac adolwyn idaw uynet y dial sarhaet Wenhwyfar, ac yn tebic ganthunt na wnaei neb kyfryw gyflauan a honno, namyn o vot arnaw *milwryaeth* ac angerd neu hut a lletrith, mal na allei neb ymdiala ac ef. (HP 12.6–11)

Sylfaen yr hyfforddiant milwrol oedd derbyn a dysgu march ac arfau, dysgu sut i'w trin, a bod yn berchen ar rai cymen. Hebddynt ni ellid marchog. Pwysleisir diffygion Peredur yn y meysydd hyn eto yng ngeiriau Cai ar ei ddyfodiad cyntaf i lys Arthur: 'ry aghyweir y doethost o varch ac arveu' (HP 12.21–2).

Y mae'r pwyslais a roddir ar gymdeithas o filwyr a'r ddefod o roi arfau iddynt yn gyffredin i gymunedau cyntefig ledled y byd. Disgrifiodd Tacitus arferion y llwythau Ellmynig: 'Pan ddaw amser, rhydd un o'r penaethiaid neu'r tad neu berthynas darian a gwaywffon i arwr ifanc' (Tacitus: *Germania*, cap.13). Erbyn y ddeuddegfed ganrif yn Ewrop, fodd bynnag, yr oedd y datblygiadau mewn dulliau ymladd a ffyniant y twrnamaint yn gofyn am fwy o offer a'r rheini'n rhai mwy arddangosol. Daeth crys o lurig (S. *chainmail*), ceffylau da, helm, ffon neu baladr, a chleddyf a chwnsallt (S. *surcoat*) lliwgar yn rhan anhepgor o eiddo marchog. Deuai'r marchogion ieuainc tlawd i ddibynnu mwy-fwy ar eu noddwyr. Cadwai arglwyddi pwerus osgorddion o farchogion yn eu cartrefi a chymerai'r rhain eu rhan yn y broses o hyfforddi'r gwŷr ieuainc. Câi'r marchogion hyn eu harfau a'u hoffer gan yr arglwydd a roddai weithiau arfau yn ogystal i'r gwŷr ieuainc o dan ei do. Yr awyrgylch cymdeithasol hwn sy'n esbonio'r pwyslais a roddir ar y ffaith mai angen cyntaf Peredur yn llys Arthur oedd ceffyl ac arfau cymen – angen a adlewyrchir yng ngeiriau Cai, a ddyfynnwyd uchod.

Trwy gydol y chwedl ceir disgrifiadau o natur ysblennydd offer marchog. Er enghraifft:

> A phan yttoed pawb yn ymgyweiraw, nachaf uarchawc yn dyfot y'r porth a meint milwr a'e angerd yndaw, yn gyweir o varch ac arueu, ac a deuei racdaw ac a gyfarchei well y Arthur a'e teulu oll eithyr y Walchmei. Ac ar yscwyd y marchawc yd oed taryan eurgrwydyr a thrawst o lassar glas yndi, ac vn lliw a hynny yd oed y arueu oll. (HP 58.14–21)

ac eto mewn geiriau sydd yn rhoi cip ar yr elfennau mwyaf trawiadol yng ngwisg y marchog, sef ei gwnsallt a'i darian:

> A hi a rodes idaw march ac arueu, a chwnsallt purgoch ar uchaf y arueu, a tharyan velen ar y yscwyd. A dyfot y'r gyfranc a wnaeth. Ac a gyfarfu ac ef o wyr yr iarll y dyd hwnnw, ef a'e byryawd oll y'r llawr. Ac ef a doeth drachefyn o'e garchar. Gofyn chwedleu a wnaeth hi y Peredur, ac ny dywawt ef vn geir wrthi. A hitheu a aeth y ofyn chwedleu o'e that, a gofyn a wnaeth pwy a uuassei oreu o'e teulu. Ynteu a dywawt nas atwaenat.
>
> 'Gwr oed a chwnsallt coch ar uchaf y arueu, a tharyan velen ar y yscwyd.' (HP 64.27–65.8)

Dymuniad y Peredur ieuanc, fel llawer llencyn arall nad oedd cyfoeth ganddo, oedd ei uniaethu ei hunan â chwmni gŵr mawr, sef Arthur, ac aelodau'r cwmni hwnnw wedi ymrwymo â'i gilydd gan yr un safonau a delfrydau. Pwysleisir y safonau hyn gan Gai yn y pryder a fynega ynglŷn â'r anghlod a ddeuai i Arthur o ymgysylltu â llencyn mor anghymen, pan aeth Peredur i ymladd â'r marchog a roddodd fonclust i Wenhwyfar:

> 'Ac vn o deu ar deryw, ae uwrw ae lad. Os y uwrw ryderyw, eiryf gwr mwyn a uyd arnaw gan y marchawc ac aglot tragywydawl y Arthur a'e vilwyr.' (HP 14.28–15.1)

Ar ôl trechu'r marchog ac ennill ei arfau ystyria Peredur ei hunan yn un o osgordd Arthur: 'a dywet y Arthur py le bynhac y bwyf, gwr idaw vydaf' (HP 15.19–20); ac o hynny ymlaen anfonwyd unrhyw ddyn a drechwyd ganddo i wrhau i Arthur, ac unrhyw gyfoeth a enillwyd ganddo yn rhodd iddo.

Cyn gwisgo'i arfau yn ysblennydd mewn *joust* neu dwrnamaint neu frwydr, rhaid oedd i farchog ddysgu sut i'w trin. Rhoddid cyfarwyddiadau a hyfforddiant arbennig i'r darpar farchog ar sut i drin ei arfau. Ceir tair episod yn *Peredur* yn sôn am hyfforddiant Peredur mewn arfau. I'r beirniaid brodorol eu naws y mae'r episodau hyn yn dwyn cof am fywydgylch yr arwr Celtaidd fel yr adlewyrchir ef, er enghraifft, yn hanes Cú Chulainn (Goetinck 1975: 156–61), a dichon mai dyna sydd yn is-haen i'r cwbl. Eithr y mae pob un o'r tair episod yn adlewyrchu sgiliau ymladd marchog y byd sifalrïaidd. Yr arfau oedd y ffon (S. *lance*), y darian ac, yn bwysicaf oll, y cleddyf. Yn llys ei ewythr cyntaf, dysg Peredur sut i ymladd â ffon ac â tharian:

> Guedy daruot bwyta, gouyn a wnaeth y gwr y Peredur a wydat lad a chledyf yn da.
>
> 'Na wn,' heb y Peredur, 'pei kahwn dysc nas gwypwn.'
>
> 'A wypei,' heb ynteu, 'chware a ffon ac a tharyan, llad a chledyf a wybydei.' (HP 17.17–22)

> 'Ie, eneit,' heb y gwr, 'dos y eisted weithon, a goreu dyn a lad a chledyf yn yr ynys hon vydy.' (HP 18.9–10)

Yn llys yr ail ewythr, dysg sut i drin cleddyf:

> Gwedy daruot bwyta ac yuet tra uu hygar ganthunt, gofyn a oruc idaw y gwrda a wydyat llad a chledyf.
>
> 'Pei kawn dysc,' heb y Peredur, 'tebic oed genhyf y gwybydwn.' . . .
>
> 'Kymer,' heb y gwr wrth Peredur, 'y cledyf racco, a tharaw yr ystyffwl hayarn.' . . .
>
> 'Ie, was,' heb ef, 'dos y eisted, a bendith Duw genhyt. Yn y teyrnas goreu dyn a lad a chledyf wyt. Deuparth dy dewred ar gefeist, a'r trayan yssyd heb gahel, a gwedy keffych gwbyl ny bydy wrth neb. Ac ewythyr itti, brawt dy vam, wyf inheu, brawt y'r gwr y buost neithwyr yn y lys.' (HP 19.5–20.1)

A chyda gwiddonod Caer Loyw dysg sut i farchogaeth a 'theimlo' ei arfau:

> 'Paham y gwdosti, wrach, mae Peredur wyf i?'
> 'Tyghetuen a gweledigaeth yw im godef gouut y genhyt, ac y titheu kymryt march ac arueu y genhyf inheu. Ac y gyt a mi y bydy yspeit yn dyscu itt varchogaeth dy varch a theimlaw dy arueu.' (HP 30.5–10)

Y dull pwysicaf o ymladd oedd ar gefn ceffyl, a'r marchog yn bwrw'r gwrthwynebwr i'r llawr, sef yr hyn a elwir yn Saesneg yn *fighting with the couched lance.* Y mae bron pob ymgaffael a ddisgrifir yn *Peredur* yn adlewyrchu'r dull hwnnw:

> Ac ol yn ol ef a doeth petwar marchaw[c] ar hugeint, ac nyt attebei ef y'r vn mwy no['e] gylid, namyn yr vn gware a phob vn, y wan ar vn gossot tros [pedrein] y varch y'r llawr. (HP 31.15–18)

ac yn well, mewn paragraff rhethregol, sydd yn dilyn arddull a geir yn *Culhwch ac Olwen*, disgrifir brwydr Peredur ag Arthur:

> Yna yd aeth y gweisson yn ol y varch a'e arueu y Arthur. A Pheredur a gyfaruu a'r gweisson yn mynet heibaw, ac a gymerth y march a'r arueu, a'r weirglawd a gyrchwys . . . Sef a wnaeth Peredur emneidaw a'e law ar y marchawc, y erchi idaw dechreu arnaw. A'r marchawc a ossodes arnaw, ac nyt ysgoges ef o'r lle yr hynny. Ac ynteu Peredur a ordinawd y varch ac a'e kyrchawd yn llityawcdrut engiryawlchwerw awydualch, ac a'e gwant dyrnawt gwenwyniclym, tostdrut, milwreidffyryf y dan y dwyen, ac y drechefis o'e gyfrwy ac y byryawd ergyt mawr y wrthaw. Ac yd ymchoelawd trachefyn ac yd edewis y march a'r arueu gan y gweisson mal kynt. (HP 41.19–42.6)

Dangosir arbenigrwydd y marchog yn ei wisg. Eithr nid oedd gwisg ysblennydd na gallu mewn arfau yn ddigon i wneud marchog. Er mwyn cyrraedd y stad honno, rhaid oedd i'r darpar farchog ymddiried yn Nuw, cadw ei air, helpu'r gweinion a gorchfygu pechodau dicter, balchder a thrachwant. Rhoddid cyfarwyddiadau iddo ar sut i ymddwyn. Rhoes bardd yr *Ordene de Chevalerie* bedwar gorchymyn i Saladin, sef (a) na ddylai ymwneud â bradwyr, (b) na ddylai roi cyngor drwg i wraig na morwyn, (c) y dylai ddangos parch iddi a'i hamddiffyn yn erbyn pawb, ac (ch) y dylai ymprydio ar ddyddiau ympryd, gwrando ar yr offeren bob dydd a chyflwyno offrwm i'r eglwys

(Byles 1926: ll. 263–303; Oakeshott 1960: 160). Mwy trawiadol o bosibl yw'r tebygrwydd rhwng y cynghorion a roddwyd gan y clerigwr o wlad afon Rhein y cyfeiriwyd atynt uchod a'r cyfarwyddiadau a gafodd Peredur gan ei fam wrth iddo fynd i lys Arthur:

> 'Dos ragot,' heb hi, 'y lys Arthur, yn y mae goreu y gwyr a haelaf a dewraf. Yn y gwelych eglwys, can dy pater wrthi. O gwely vwyt a diawt, o byd reit it wrthaw ac na bo o wybot a dayoni y rodi it, kymer tu hun ef. O chlywy diaspat dos wrthi, a diaspat gwreic anat diaspat o'r byt. O gwely tlws tec, kymer ti euo a dyro titheu y arall, ac o hynny clot a geffy. O gwely gwreic tec, gordercha hi kyn ny'th vynho. Gwell gwr a ffenedigach y'th wna no chynt.' (HP 9.24–10.3)

Cafodd Peredur gyfarwyddiadau eraill gan ei ewythr wrth ddysgu 'moes a mynut' ganddo:

> 'A'th ewythyr titheu, vrawt dy vam, wyf i, a chyt a mi y bydy y wers hon yn dyscu moes a mynut. Ymadaw weithon a ieith dy vam, a mi a uydaf athro it ac a'th urdaf yn varchawc urdawl. O hyn allan, llyna a wnelych; kyt gwelych a vo ryued genhyt, nac amofyn ymdanaw ony byd o wybot y venegi it. Nyt arnat ti y byd y keryd namyn arnaf i, kanys mi yssyd athro it.' (HP 18.11–18)

Yn y geiriau hyn yr awgrymir i Beredur gyntaf y dylai ddysgu *moes a mynut* (sef Ffr. *courtoisie*) neu ymddygiad addas i lys. Y coethi hwn, yn ôl Ceridwen Lloyd-Morgan (1981: 205), sydd yn cyfrif am y newid yn ei agwedd at ferched, a adlewyrchir yn y gwahaniaeth rhwng ei agwedd at Forwyn y Babell a'r merched eraill y cyferfydd â hwy, a hyn, yn ddiau, yn rhan o'r ethig sifalrïaidd.

Y mae'r rhan fwyaf o anturiaethau Peredur yn ymwneud â merched, rhai ohonynt yn sgîl syrthio mewn cariad, ac eraill ag achub eu bywydau ac amddiffyn eu hanrhydedd. Cawn gip ar serch yn yr ystyr ramantaidd fel emosiwn sydd yn parlysu'r marchog yn hanes ei ymwneud ag Angharad Law Eurog a'r Ymerodres. Yn achos y ddwy, serch sydd yn rheoli holl weithredoedd Peredur dros gyfnod ac yn adlewyrchu'r math o angerdd a gysylltir â'r trwbadŵr, sef 'the overwhelming force of adulatory passion, inspired by a beloved woman' (Keen 1984:

30). Eithr mwy ymarferol o ran eu canlyniadau, yw'r rhan fwyaf o anturiaethau Peredur sydd yn ymwneud â gwragedd. Wrth drafod Morwyn y Babell dilyna gyfarwyddiadau ei fam i'r llythyren gyda chanlyniadau trychinebus i'r forwyn druan (HP 10.21–11.6). Ag amddiffyn anrhydedd merched y mae a wnelo'r rhan fwyaf o'i anturiaethau, fodd bynnag. Ar ôl bod yn llys Arthur ei antur gyntaf yw dial ar y marchog a laddodd ŵr ei chwaer faeth (HP 21.2–22.10) – digwyddiad sydd yn dwyn i gof gyfarwyddiadau clerigwr ardal y Rhein am achub anrhydedd chwiorydd. Achub anrhydedd merch arall, sef yr iarlles o etifeddes, y bygythir ei theyrnas gan yr iarll ifanc, a gwrthod cymryd mantais arni yw hanes Morwyn y Gaer:

> 'Ac os miui a geif ef, ny byd gwell vyn dihenyd no'm rodi y weisson y veirch. A dyuot y ymgynnic ittitheu, arglwyd, yn y wed y bo hygar genhyt, yr bot yn nerth in y'n dwyn odyma neu y an hamdiffyn ninheu yma.'
>
> 'Dos vy chwaer,' heb ef, 'y gyscu. Ac nyt af y wrthyt heb vn o hynny.' (HP 25.22–8)

Achub anrhydedd gwraig Syberw Llannerch yw thema ei anturiaeth nesaf (HP 28.11–29.2) – merch a gyhuddir o anffyddlondeb gyda Pheredur gan ei gŵr – a'r episod yn gorffen â'r dilyniant sydd yn cynnwys un o eiriau allweddol syniadau am anrhydedd a sarhad yng Nghyfraith y Gwragedd yn y Cyfreithiau Cymraeg, sef 'wynebwerth' (Jenkins ac Owen 1980: 66–7, 220):

> 'Nawd a gehy, gan vynet trachgefyn fford y ryuuost, y venegi rygael y vorwyn yn wiryon, ac yn wynebwerth idi hi, dy uwrw ohonof i.' (HP 28.30–29.2)

Achubodd deyrnas iarlles arall a sicrhau Edlym Gleddyf Goch yn ŵr iddi (HP 50–1). Yn yr antur nesaf, enilla'r Ymerodres yn wraig iddo'i hunan ar ôl ymladd mewn twrnamaint. Y mae modd gweld pob un o'r hanesion hyn, felly, fel mynegiant o ddelfrydau a hanesion y byd sifalrïaidd. Ond ni cheir ynddynt amlygiad llawn o'r serch cwrtais tuag at wragedd priod a gysylltir yn bennaf â byd y trwbadŵr.

Os oedd amddiffyn merched teg yn rhan o ddelfrydiaeth

sifalri, erys un wedd sylfaenol ar sifalri na chyffyrddwyd â hi, sef yr un grefyddol. Ychydig iawn o sôn am grefydd fel y cyfryw sydd yn *Peredur*, eithr y mae ychydig o fanylion sydd yn ein hatgoffa mai gŵr a barchai'r eglwys ac a ymladdai i amddiffyn y ffydd oedd marchog yn anad dim. Fel y gwelwyd uchod, yn ôl gorchmynion Hugh o Diberias i Saladin yn yr *Ordene de Chevalerie*, siarsiwyd y marchog i ymprydio ar ddydd ympryd, i wrando ar yr offeren bob dydd ac i gynnig offrwm yn yr eglwys. Ymhlith cyfarwyddiadau mam Peredur iddo y mae'r neges iddo ganu ei bader wrth bob eglwys – cyfarwyddyd a barodd iddo yn ei anwybodaeth gamgymryd pabell Morwyn y Babell am eglwys. Sonnir am Beredur mewn cysylltiad â chrefyddwr ddwywaith. Y mae'r ddwy episod yn adlewyrchu cysylltiadau sydd yn nodweddiadol o batrwm bywyd y marchog. Yn yr episod gyntaf cafodd Peredur loches gan feudwy (HP 30.18–21). Yn llyfr Ramón Llull *Llibre de l'ordre de cavalleria*, adroddir hanes ysgweier yn marchogaeth trwy goedwig ar ei ffordd i lys y brenin lle y'i gwneid yn farchog. Cyll ei ffordd a daw at gell meudwy; darllena'r meudwy iddo o lyfr bach sydd yn esbonio ystyr sifalri (Keen 1984: 9). Ai atsain o rywbeth fel hyn a geir yn hanes *Peredur*? Yn yr ail episod, cwrdd Peredur â balawg sydd yn ei atgoffa ei bod yn ddydd Gwener y Groglith, ac na ddylai deithio y diwrnod hwnnw. Ond yn bennaf, dengys Peredur ei ymlyniad wrth ddelfrydau Cristnogol ac mai dyletswydd bennaf marchog oedd amddiffyn y ffydd pan orfoda fedydd ar drigolion y Dyffryn Crwn ar ôl eu trechu (er mai dyfais yw hon a ddefnyddid hefyd i ddangos ei ffyddlondeb i'w lw i Angharad Law Eurog na fyddai'n siarad gair â Christion oni byddai hi yn ei garu'n fwyaf gŵr):

> 'Yr pan yttwyf yn medu y dyffryn hwnn, mi ny weleis Gristyawn a elei a'e eneit gantaw namyn ti. A ninheu a awn y wrha y Arthur, ac y gymryt cret a bedyd.' (HP 39.19–22)

Pytiog yw'r cyfeiriadau hyn at fyd crefydd, fel y mae llawer o'r cyfeiriadau sifalrïaidd yn *Peredur*. Eithr dengys y pytiau fod yr awdur/awduron yn ymwybodol o fyd sifalri.

* * *

Paham yr wyf wedi oedi gyda'r hyn sydd yn hunanamlwg?

Oherwydd fy mod i'n credu nad yw'r beirniaid llenyddol wedi rhoi digon o ymdriniaeth fanwl i'r portread o arferion brwydro a delfrydau marchogaeth a geir yn y rhamantau. Rhoddodd beirniaid sylw i'r elfen fenywol: i ordderchu gwragedd a'u harbed rhag y gelyn, a ddatblygodd i raddau o grefft ac athroniaeth y trwbadŵr. Gwelwyd dylanwad y syniadau hyn eisoes o bosibl yn llenyddiaeth y Gymraeg yn y ddeuddegfed ganrif, yng ngwaith gogynfarddol Hywel ab Owain Gwynedd. Ond y mae'r driniaeth echblyg o hyfforddiant a swydd y marchog wedi ei glosio drosodd. Yr oedd y sawl a gyfansoddodd *Peredur* yn ei stad bresennol yn gyfarwydd iawn, mi dybiaf, â'r broses o hyfforddiant marchog a chyfrifoldebau ei rôl, fel yr oedd yn gyfarwydd â beirniadaeth ar rai gweddau ar fywyd y marchog, megis y twrnamaint. Mynega'r awdur (neu'r awduron) ei wybodaeth mewn dull diriaethol yn hytrach nag yn haniaethol. Yn hyn yr oeddid yn wahanol i Chrétien de Troyes, a gynhwysodd linellau o fyfyrdod haniaethol ar swydd y marchog yn ei gerdd *Perceval*. Cyflwynir i gynulleidfa Gymraeg ei hiaith batrwm y broses o droi llencyn yn farchog, fel gwisg newydd i Beredur, yr arwr traddodiadol Cymreig, yr oedd ei enw a'i anturiaethau eisoes, yn ôl pob tebyg, yn gyfarwydd iddynt. Gwneid hynny ar yr un pryd ag yr oedd awdlau mawr ôl-edrychol y Gogynfeirdd yn cael eu datgan yn llysoedd Gwynedd. Gallai mai profiad o'r byd sifalrïaidd neu wybodaeth o lawlyfrau sifalri, yn ogystal â gwaith Chrétien de Troyes, sydd wrth wraidd y portread o Beredur y darpar farchog a geir yn y chwedl. Cyfyd hyn gwestiynau cymdeithasol a hanesyddol diddorol. Pwy oedd cynulleidfa'r chwedl ac ym mha le y cafwyd hyd iddi?

Yr arfer oedd cysylltu'r rhamantau â gororau'r De-ddwyrain. Eithr erbyn y ddeuddegfed ganrif yr oedd amgyffrediad o arferion urdd y marchog eisoes o fewn cyrraedd i arweinwyr *Pura Wallia*. Cawn hanes Owain Cyfeiliog yn disgleirio yn llysoedd soffistigedig y Mers (G. A. Williams 1994: 198) a'r Arglwydd Rhys mewn gwledd yn Henffordd (Davies 1987: 103). Yn ôl yr achau, priododd mab un o lu merched yr Arglwydd Rhys â merch Syr Aron o'r Sepulchre (Bartrum 1974: 164–76), gŵr a urddwyd yn farchog, mi dybiaf, yng Nghaersalem ar achlysur y drydedd Groesgad. Difyrrwyd llysoedd Gwynedd gan ganu trwbadwraidd Hywel ab Owain Gwynedd a'i serch cwrtais. Ar droad y drydedd ganrif ar ddeg yr oedd tiroedd

William Marshal, gwir *flos militiae,* yn ffinio ar diroedd Deheubarth yr Arglwydd Rhys a'i ddisgynyddion. Yn y drydedd ganrif ar ddeg, fel y gwelwyd, yr oedd propagandyddion Gwynedd yn mabwysiadu'r teitl 'iarll' er mwyn dangos goruchafiaeth ffiwdal tywysogion Gwynedd dros arglwyddi eraill Cymru. Condemniodd Dafydd Benfras 'y ffraeth Ffrangeg' a gysylltid â llys Dafydd ap Llywelyn, mab yr enwog Siwan. Ni fyddai chwedlau am farchogion yn annerbyniol yn llysoedd y tywysogion Cymreig, ac fe fyddai arferion creulon *warrior barons* y Mers yn gwbl gyfarwydd hyd yn oed yng nghadarnle Eryri. Nid oes ffordd o fod yn sicr a darddodd *Peredur* o *Pura Wallia* ai peidio.

Oeder am eiliad gyda'r llawysgrifau. Ceir y dystiolaeth ysgrifenedig gynharaf i *Peredur* yn llawysgrif Peniarth 7, ond y mae'r chwedl yn y llawysgrif honno yn gorffen â phriodas yr Ymerodres â Pheredur. Dyddiwyd y darn i droad y drydedd a'r bedwaredd ganrif ar ddeg (Huws 1993: 19). Y mae natur y llawysgrifen a lleoliad y testun mewn llyfr sydd yn cynnwys darn arall a gysylltir â gogledd Cymru yn awgrymu tarddiad o'r ardal honno; awgrymodd Peter Wynn Thomas yntau fod yr iaith yn cynnwys elfennau gogleddol. Y mae hyn oll o blaid derbyn bod y testun yn hysbys yng ngogledd Cymru – oni chyfansoddwyd ef yno – erbyn diwedd y drydedd ganrif ar ddeg. Y mae sôn am swyddogion megis penteulu a distain yn awgrymu iddo gael ei gyfansoddi mewn ardal lle'r oedd arferion cyfreithiol Cymreig yn ffynnu. Gallai fod ar gael yng Ngwynedd yn Oes y Tywysogion, yn cael ei ddarllen ochr yn ochr ag awdlau Dafydd Benfras neu Brydydd y Moch, er enghraifft. Y mae tystiolaeth lawysgrifol a dogfennol arall fod delfrydau byd Arthur a'i lys eisoes yn effeithio ar ddelfrydau Gwynedd yn y drydedd ganrif ar ddeg. Ysgrifennwyd llythyr gan Lywelyn ap Gruffudd yn dyfynnu Sieffre o Fynwy i gefnogi ei hawl i Gymru mewn perthynas â Brenin Lloegr (Smith 1998: 335). Copïwyd testunau *Brut y Brenhinedd* i lawysgrifau Peniarth 44 a Llanstephan 1 gan ysgrifwyr y testun cyfraith Cymraeg hynaf, a darddodd o lysoedd Gwynedd ac a gedwir yn llawysgrif Cotton Caligula A. iii. (Huws 1993: 19; 1986: 119–32).

Delfrydau byd Arthur a'i lys sifalrïaidd a gyflwynir yn *Peredur*. Dadleuwyd yn y gorffennol mai cyflwyno thema sofraniaeth goll mewn awr o argyfwng gwleidyddol yw prif neges y tair rhamant (Goetinck 1975: 168–72). Eithr, os felly, ac os yw'r patrwm cymdeithasol a ddadlennir hefyd yn fynegiant o ddelfrydau'r cyfarwydd, iddo ef byd a'i bersonél yn drwm o dan ddylanwad ffasiynau'r Eingl-Norman fyddai byd etifeddion y sofraniaeth honno.

Y CYD-DESTUN EWROPEAIDD

Ceridwen Lloyd-Morgan

Perthynas *Peredur* â rhamant y Ffrancwr Chrétien de Troyes, *Le Conte du Graal* neu *Le Roman de Perceval*, a ddaw i'r meddwl yn syth wrth ystyried cyd-destun Ewropeaidd y chwedl Gymraeg. Er hynny, tuedda'r pwyslais ar un chwedl gyfatebol i gyfyngu ein dealltwriaeth o safle *Peredur* yn y canon Arthuraidd Ewropeaidd. O fwrw golwg ehangach, gwelir nad yw'r chwedl ei hun yn unigryw, eithr bod ganddi lawer yn gyffredin â thraddodiadau llenyddol cyfandirol eraill, yn ogystal ag â rhamant Chrétien. Er mai sôn am destunau Ffrangeg yn bennaf y byddaf i, y mae'n bwysig cofio bod testunau naratif am yr un arwr, a'r testunau hynny yn dilyn i raddau helaeth yr un patrwm o ddigwyddiadau a themâu, wedi bod yn boblogaidd drwy Ewrop yn ystod yr oesoedd canol. Hanes arwr o'r enw Perceval, Percevaus, Perlesvaus neu Parzifal, sydd yn fab i weddw, ac yn gadael ei gartref i ddysgu marchogaeth a sifalri yn y byd Arthuraidd, ac yn y man yn cychwyn ar y cais am y greal: dyna'r patrwm sylfaenol bob tro, ond gyda llu o amrywiadau yn yr adrodd.

Fel 'chwedlau'r greal' y cyfeirir at y testunau hyn fel arfer, gan mai'r cais am y greal yw craidd y stori ym mhob fersiwn, er mor wahanol i'w gilydd yw'r testunau. Ond rhaid gofyn ai dilys ceisio diffinio *Peredur* yn y Gymraeg yn un o chwedlau'r greal oherwydd nid yw'r enw *greal* yn digwydd o gwbl yn yr un copi llawysgrif o'r chwedl Gymraeg. Er bod Peredur, yn fersiynau'r Llyfr Coch a'r Llyfr Gwyn, yn cyrraedd castell sydd yn ymdebygu'n rhyfeddol i 'gastell y greal' fel y'i ceir mewn testunau ar y Cyfandir, ac er bod yr arwr yn dyst i orymdaith ryfedd lle y dygir llestr a gwaywffon (eto fel y gwna yn y testunau cyfandirol), ni chrybwyllir y gair *greal* byth. Ni ddaethpwyd o hyd i'r un enghraifft o'r enw gyda'r ystyr hwn yn y Gymraeg tan ddiwedd y bedwaredd ganrif ar ddeg, a hynny yn *Y Seint Greal*

(T. Jones 1992; R. Williams 1876). Yn yr achos hwnnw, benthyca'r gair o'r testunau Ffrangeg yr oedd yn eu cyfieithu a wnaeth y llenor, awgrym clir mai cysyniad cyfandirol, nid brodorol Cymreig, oedd y *greal*.

Y rhamant gyntaf, ac yn sicr y mwyaf dylanwadol o'r holl destunau sydd yn sôn am Perceval/Peredur a'r greal, yw *Le Conte du Graal* neu *Le Roman de Perceval* gan Chrétien de Troyes.[1] Ar y rhamant hon y canolbwyntiwyd ddiwedd y bedwaredd ganrif ar bymtheg a dechrau'r ugeinfed gan yr ysgolheigion hynny a oedd mor awyddus i ddarganfod ffynonellau'r stori am yr arwr a'r cais am y greal.[2] Y mae'n debyg bod yr awydd i gloddio i archaeoleg testun yn ffasiwn ymhlith ysgolheigion yr oes, ac yn tarddu o'r diddordeb yn hanes ieithoedd a ddatblygodd yn y gwledydd Ellmynig yn arbennig yn ystod y bedwaredd ganrif ar bymtheg, pan ddechreuwyd rhoi sylw i'r ieithoedd brodorol yn hytrach nag astudio Lladin a Groeg yn unig. Ar y dechrau, fel cloddfa ieithyddol yn bennaf yr astudiwyd testunau naratif yr oesoedd canol, a phan gymerwyd y cam nesaf, sef eu hastudio fel llenyddiaeth, parhau a wnaeth patrwm yr hen fethodoleg ieithegol. Yn lle olrhain ffurfiau yn ôl trwy broses o newid ac esblygu, at fonau Lladin neu Indo-Ewropeaidd, ceisid bellach ddadansoddi elfennau testun mewn dull go debyg, yn ôl episodau a motifau, enwau personol ac enwau lleoedd, gan geisio sefydlu'r berthynas rhwng chwedl, neu elfennau ohoni, a rhyw *Urgeschichte* honedig. Gyda thwf y diddordeb yn yr ieithoedd Celtaidd ymhlith ysgolheigion ym mhrifysgolion Ffrainc ac yn enwedig yn yr Almaen, cam naturiol oedd edrych am ffynonellau Celtaidd posibl i'r testunau Arthuraidd cyfandirol. Tueddid i weld yr ieithoedd Celtaidd a'u llenyddiaeth yn ffynonellau hynafol a gynigiai fath o gyn-hanes Ewropeaidd. I rai ymchwilwyr, cynigiai'r ddamcaniaeth am ffynonellau Celtaidd gysur gwleidyddol hefyd: gellid dychmygu hen ddiwylliant Celtaidd tybiedig a fuasai'n sail i wareiddiad Ewropeaidd diweddarach.[3]

Dyna oedd yr hinsawdd pan ddatblygodd y diddordeb yn ffynonellau rhamantau Chrétien de Troyes, ac felly hefyd yn y gydberthynas rhwng ei waith ef a'r chwedlau Cymraeg *Peredur*, *Owein* a *Gereint*, a oedd yn amlwg yn cyfateb i dair o ramantau'r awdur Ffrangeg. Llwyddwyd i ddyddio gwaith Chrétien o fewn ychydig flynyddoedd yn chwarter olaf y ddeuddegfed ganrif.[4]

Ond nid ei ramantau ef oedd y testunau Arthuraidd cyntaf yn Ffrangeg. O'r rhai sydd yn dal ar glawr, y pwysicaf yw'r *Roman de Brut* gan y Normanwr Wace. Seiliodd ef ei destun ar *Historia Regum Britanniae* Sieffre o Fynwy, gan gwblhau'r dasg yn 1155, yn yr un flwyddyn ag y bu farw Sieffre. Cefndir Arthuraidd sydd i rai o *Lais* Marie de France, sef cerddi naratif a gyfansoddwyd yn ail hanner y ddeuddegfed ganrif, yn fwy na thebyg yn y 1160au neu'r 1170au. Tynnai Marie ar draddodiadau poblogaidd – rhai ohonynt o Lydaw – yn ogystal â ffynonellau ysgrifenedig fel gwaith Wace.

Erbyn i Chrétien ddechrau ar ei waith, felly, yr oedd seiliau'r traddodiad Arthuraidd Ffrangeg eisoes wedi eu gosod. O'i gymharu â'i ragflaenwyr gwelwn fod Chrétien yn ei ramantau yn cynnig cymeriadau a naratifau newydd, er bod y rhain yn dal yn y cyd-destun Arthuraidd y gellid ei olrhain yn y pen draw drwy'r testunau Ffrangeg at hanes Sieffre. Wrth i ysgolheigion ddechrau astudio'r rhamantau, bu rhaid iddynt ystyried felly i ba raddau yn union yr oedd Chrétien, fel llenor creadigol, yn creu deunydd newydd o'i ddychymyg ei hun, ac i ba raddau yr oedd yn tynnu ar ffynonellau parod ar gyfer y fframwaith neu'r gwahanol elfennau. Yn y cyd-destun hanesyddol arbennig hwn y cododd gyntaf y ddadl boeth ynglŷn â pherthynas rhamantau Chrétien a'r testunau Cymraeg. O weld bod testunau yn y ddwy iaith a oedd yn dilyn yn fras yr un patrwm o ddigwyddiadau ac yn sôn am gymeriadau go debyg ac a oedd, amryw ohonynt, ag enwau go debyg, naturiol ddigon oedd dyfalu bod y naill naratif yn ddyledus i'r llall. Yr oedd y ffaith bod Chrétien yn nodi bod ei arwr yn Gymro (*galois*) pan gyfeiria ato am y tro cyntaf, eisoes yn awgrymu cysylltiad Cymreig o ryw fath.[5] Esgorodd y dyfalu ar ddadl fawr a dawelodd bellach, er na ddiflannodd yn llwyr ychwaith: sef a oedd Chrétien wedi defnyddio ffynonellau Cymraeg neu Gymreig, ynteu a oedd y testunau Cymraeg yn gyfieithiadau neu addasiadau o waith Chrétien. Cenedlaetholdeb oedd y prif sbardun i lawer o'r dadleuon ar y naill ochr a'r llall.[6]

Y mae'n bwysig peidio ag anghofio'r cefndir hanesyddol hwn wrth ystyried beth yw chwedl (neu chwedlau?) *Peredur*, a chofio, yn hytrach, fod i bob cyfnod ei hinsawdd arbennig – ffasiwn hyd yn oed – sydd yn aml yn adlewyrchu sefyllfa wleidyddol ehangach, ac yn dylanwadu'n drwm ar y ffordd y byddwn ni yn ymdrin â thestunau llenyddol. Rhaid cofio mor ddiweddar y daeth ymchwilwyr i ystyried y berthynas rhwng testun a'i gynulleidfa, er enghraifft, ac i werthfawrogi testunau megis *Peredur* fel llenyddiaeth a oedd yn fyw i'r gynulleidfa arbennig honno, neu o bosibl i wahanol gynulleidfaoedd yn ystod yr oesoedd canol. Ond y mae sylwi ar y cefndir hanesyddol i ddatblygiad astudiaethau ar *Peredur* yn gymorth inni ddeall yn ogystal sut a pham y rhoddid gorbwyslais ar ymchwilio i berthynas gwaith Chrétien â'r chwedlau Cymraeg yn hytrach na gosod y chwedlau hynny mewn cyd-destun ehangach. Unioni'r cam hwnnw yw prif amcan y bennod hon, er na fydd modd osgoi cwestiwn y gydberthynas ddadleuol honno.

Rhaid pwysleisio bod *Peredur* yn un o lu o chwedlau Ewropeaidd am yr un arwr a'i gais am y greal. Gallwn ddweud gyda sicrwydd fod Chrétien wedi dechrau cyfansoddi *Le Conte du Graal* ar ôl 1181 ac yn bendant cyn 1190; bu farw heb orffen y rhamant. O ganlyniad, rhoddodd nifer o awduron eraill gynnig ar gau pen y mwdwl a chyfansoddi *Continuations.* Adrodd hanes cynnar y greal cyn amser Perceval oedd dewis awduron yr *Elucidation* a'r *Bliocadran*, gan ddilyn, efallai, ôl traed Robert de Boron, bardd a oedd yn ei flodau tua 1200, na chadwyd ond fersiynau anghyflawn a llygredig o'i waith erbyn y cyfnod modern. Ceisiodd eraill ailgydio yn edefyn rhamant Chrétien lle y'i gadawyd: ceir dwy fersiwn o'r ymgais gyntaf, y *Première Continuation* neu'r 'Pseudo-Wauchier'. Adroddir anturiaethau Gwalchmai yn y ddwy, ond nid oes diweddglo i'r naill na'r llall. Anorffen hefyd yw'r *Deuxième Continuation,* sydd yn olrhain hynt a helynt Perceval ei hun. Yn ystod hanner cyntaf y drydedd ganrif ar ddeg cafwyd dwy ymgais bellach i gwblhau'r dasg, y naill gan Manessier, rhwng 1206 a 1244, a'r llall gan Gerbert de Montreuil, rhwng 1226 a 1230. Yr oedd y ddau'n ddyledus i ramant arall, *La Queste del Saint Graal,* yn ogystal ag i waith Chrétien.

Perthynai'r *Queste del Saint Graal* i genhedlaeth newydd: erbyn troad y ganrif cododd ffasiwn newydd, sef rhoi mydr ac odl heibio a throi at adrodd straeon Arthuraidd a'u tebyg mewn rhyddiaith. Fe ddichon fod a wnelo hyn â'r dymuniad i roi statws ac awdurdod i'r naratif. Gan fod y straeon am farchogion llys Arthur yn cael eu cyflwyno fel digwyddiadau lled-hanesyddol, naturiol oedd i'r *genre* ddod dan ddylanwad y croniclau, a honnai adrodd ffeithiau hanesyddol. Ar fydr ac odl y cyfansoddodd

Wace ei addasiad Normaneg o *Historia* Ladin Sieffre, eithr rhyddiaith yw cyfrwng y croniclau dilys cyntaf yn Ffrangeg, gan ddilyn patrwm testunau hanes yn Lladin. Rhoddai rhyddiaith, hyd yn oed yn yr iaith frodorol, beth o awdurdod testun 'ffeithiol' i lenyddiaeth a fwriedid yn bennaf i ddiddanu yn hytrach nag i addysgu. Ym mlynyddoedd cyntaf y drydedd ganrif ar ddeg datblygodd rhyddiaith yn brif gyfrwng i'r rhamant Arthuraidd yn Ffrainc. Golygai hynny fod llenorion megis Manessier a Gerbert de Montreuil, a ddymunai gwblhau rhamant Chrétien de Troyes, yn ymddangos braidd yn hen ffasiwn wrth iddynt gadw at yr hen gwpledi wythsill er mwyn bod yn gyson â gwaith eu rhagflaenydd. Erbyn eu cyfnod hwy roedd bri mawr ar ramantau rhyddiaith, gyda chyfres anferth Cylch y Fwlgat wedi ei chwblhau, y mae'n debyg, erbyn diwedd chwarter cyntaf y drydedd ganrif ar ddeg.

O blith y rhamantau cyflawn am Perceval ei hun, cyfansoddwyd tair tua dechrau'r drydedd ganrif ar ddeg. Perthyn i Gylch y Fwlgat y mae'r *Queste del Saint Graal*, ond hyd y gwyddom y mae'r *Didot Perceval* a'r *Perlesvaus* yn annibynnol, er eu bod yn cymryd yn ganiataol fod y gynulleidfa yn gyfarwydd â rhamantau cynharach.[7] Y maent yn ddyledus – yn uniongyrchol neu beidio – i waith Chrétien a Sieffre o Fynwy, ond nid addasiadau o destunau blaenorol ydynt, eithr gweithiau llenyddol creadigol. Ar un olwg gellid disgrifio'r *Queste* fel parhad eto i ramant Chrétien, gan fod y naratif yn dechrau ar ôl i Perceval fethu unwaith yn y cais am y greal; yma hefyd disodlir Perceval o fod yn brif arwr gan gymeriad newydd, Galaad. Y mae'r *Didot Perceval* a'r *Perlesvaus*, ar y llaw arall, yn adrodd hanes Perceval a'r cais unwaith eto, ond gan gynnig fersiynau tra gwahanol i un Chrétien.

Bu bri mawr ar waith Chrétien de Troyes a'i ddilynwyr, nid yn unig yn Ffrainc ond trwy'r rhan fwyaf o wledydd gorllewin Ewrop nes bod fersiynau o hanes y greal wedi eu cyfaddasu i'r rhan fwyaf o ieithoedd y gwledydd hynny erbyn diwedd yr oesoedd canol: parhaodd eu poblogrwydd yn yr unfed ganrif ar bymtheg a thu hwnt. Un o'r enghreifftiau cynharaf o'r ymateb brwdfrydig hwn yw *Parzifal* gan yr Almaenwr Wolfram von Eschenbach, rhamant a gyfansoddwyd rywbryd rhwng 1200 a 1212. Tybed ai tua'r un adeg yr ymddangosodd hanes *Peredur* gyntaf yn y Gymraeg? O gofio'r cysylltiadau agos rhwng Prydain a Ffrainc yn y cyfnod hwnnw, byddai'n gwbl bosibl i lenorion Cymraeg fod yn gyfarwydd â'r ffasiwn ar y Cyfandir. Er gwaethaf yr ansicrwydd ynglŷn â phryd y datblygodd ffurf(iau) canoloesol hanes *Peredur,* gallwn ddweud yn hyderus mai dyma un o'r chwedlau cynharaf am yr arwr mewn iaith heblaw'r Ffrangeg. Ar wahân i ramant Almaeneg Wolfram, y mae'r testunau eraill dipyn yn ddiweddarach: y bedwaredd ganrif ar ddeg a'r bymthegfed fu'r cyfnod mwyaf cynhyrchiol y tu allan i Ffrainc. Yn 1380 y cyfansoddwyd y fersiwn Gatalaneg, *Storia del Sant Grasal,* a rhwng 1400 a 1438 yr ymddangosodd y *Demanda do Santo Graal* yn y Bortiwgaleg.[8] Tua 1400 hefyd y cyfieithwyd *Y Seint Greal,* sef y fersiwn Gymraeg o ddwy ramant Ffrangeg, *La Queste del Saint Graal* a'r *Perlesvaus.* Cyfaddasu *La Queste del Saint Graal* i'r Saesneg a wnaeth Syr Thomas Malory yn rhan o gyfanwaith a adwaenir fel *Le Morte Darthur* a gwblhawyd ganddo yn 1469 ac a argraffwyd gan Caxton yn 1485. Ond ceir fersiwn Saesneg gynharach o hanes y cais am y greal, sef *Syr Perceuall of Galles,* lle yr adroddir hanes yr arwr gwreiddiol. Cyfansoddwyd y testun hwn ar fydr ac odl yn ystod hanner cyntaf y bedwaredd ganrif ar ddeg. Hyd yn oed yn Iwerddon, lle na chafodd y chwedl Arthuraidd yr un bri, ymddangosodd chwedl am y greal, un sy'n perthyn o bell i'r *Queste del Saint Graal,* ond a seiliwyd y mae'n debyg ar destun Saesneg nid annhebyg i un Malory. Credir bod *Lorgaireacht an tSoidhigh Naomhtha* yn perthyn i'r bymthegfed ganrif.

Perthyn chwedl *Peredur,* felly, i un o brif ffrydiau llenyddol Ewrop ac ni ddylid ei hystyried yn ffenomen ar wahân neu'n perthyn i fyd 'Celtaidd' ynysig, dilychwin. Er bod traddodiadau am arwr o'r enw Peredur gan y Cymry cyn oes Chrétien, nid yw'r cyfeiriadau ato yn y Gymraeg cyn y cyfnod hwnnw yn ddigon i brofi bod chwedl gyflawn *debyg i'r un a adwaenwn heddiw* yn bodoli cyn *Le Conte du Graal.* Fe allai fod chwedlau am yr arwr yn cael eu hadrodd yn y traddodiad llafar: yn wir, y mae'n debygol iawn mai ôl y traddodiadau cynharach hynny a welwn mewn sawl episod yn *Peredur* megis hanes ei garwriaeth ag Angharad Law Eurog. Ond y mae diffyg cyfeiriadau at y cais am y greal mewn barddoniaeth Gymraeg ac yn y Trioedd o'r cyfnod cynnar yn awgrymu mai Ffrengig yn hytrach na Chymreig yw tarddiad yr hyn sydd bellach yn graidd i'r chwedl, fel y cawn weld ymhellach yn y man.

Rhaid cofio mai un edefyn yn unig yw hanes yr arwr Peredur/ Perceval mewn gwead cymhleth o chwedlau Arthuraidd sydd yn y pen draw eto'n ddyledus i Chrétien, rhai ohonynt yn olrhain hanes y greal cyn oes y brenin Arthur, rhai eraill, o'r drydedd ganrif ar ddeg ymlaen, yn cysylltu hanes y greal â thraddodiadau Arthuraidd eraill megis hanes Myrddin a stori Trystan ac Esyllt, er mwyn creu un darlun cyflawn.

Ond ymhle yn union y dylid lleoli *Peredur* yn y patrwm cymhleth hwn? Beth yn union yw perthynas y chwedl Gymraeg â fersiynau cyfandirol o hanes yr un arwr? Gallwn nodi'n syth fod y chwedl Gymraeg yn gyffredinol yn dilyn yn fras yr un naratif ag a geir yn *Le Conte du Graal* gan Chrétien, sef y man cychwyn i'r rhan fwyaf o'r chwedlau Ewropeaidd am yr un arwr. Yn rhamant Chrétien a thestunau hir *Peredur* cawn hanes y bachgen ifanc yn cael ei fagu yn yr anialwch gan ei fam weddw heb wybod dim am farchogion a thwrnameintiau, sef y byd y perthynai ei dad iddo. Ar ôl iddo ddigwydd cyfarfod â marchogion o lys Arthur, penderfyna adael ei fam a chychwyn am y llys. Yno, caiff ei wawdio gan Gai ac o ganlyniad penderfyna ymadael. Ceir wedyn gyfres o anturiaethau lle y mae Peredur yn gorchfygu nifer o farchogion cyn dychwelyd i lys y brenin Arthur. Yn ddiweddarach cychwyn ar ei hynt unwaith eto, a'r tro hwn gyrraedd castell y greal, lle y metha â gofyn y cwestiwn priodol er mwyn gwella'r brenin cloff a chodi'r hud o'i wlad. Yn y fersiynau sydd gennym heddiw, y mae *Peredur* yn hepgor rhai darnau helaeth o destun Chrétien ond eto'n cynnwys nifer o episodau nad oes dim yn cyfateb iddynt yn *Le Conte du Graal*: yr enghraifft bwysicaf yw'r gyfres o anturiaethau sydd yn fodd i Beredur ei brofi ei hun fel marchog i Angharad Law Eurog. Nid cyfieithiad syml o'r *Conte du Graal* yw *Peredur*, felly. Eto i gyd, ar adegau y mae'r chwedl Gymraeg yn dilyn Chrétien yn agos iawn onid gair am air, ac ymhellach, ambell waith yr unig ffordd y gellir esbonio manylyn yn y chwedl Gymraeg yw trwy droi am oleuni at Chrétien. Ceir un o'r enghreifftiau mwyaf trawiadol yn araith y forwyn hyll, neu'r forwyn ddu, pan ddaw i lys Arthur. Ar ôl iddi gyfarch Arthur a'i deulu i gyd ar wahân i Beredur, try ato ef gan ddweud:

> 'Peredur, ny chyfarchaf i well itti, kanys dylyy. Dall uu y tyghetuen pan rodes itti dawn a chlot. Pan doethost y lys y brenhin cloff a

> phan weleist yno y maccwy yn dwyn y gwayw llifeit, ac o vlaen y gwayw dafyn o waet, a hwnnw yn redec yn rayadr hyt yn dwrn y maccwy, ac enryfedodeu ereill, heuyt, a weleist yno, ac ny ofynneisti eu hystyr nac eu hachaws. A phei as gofynnut, iechyt a gaffei y brenhin a'e gyfoeth yn hedwch. A bellach brwydreu ac ymladeu, a cholli marchogyon, ac adaw gwraged yn wedw a rianed yn diossymdeith, a hynny oll o'th achaws ti.' (HP 57.10–21)

Sylwer mai at lys y brenin *cloff* y cyfeiria'r forwyn wrth sôn am yr orymdaith ryfedd. Yn ôl testunau'r chwedl Gymraeg, fodd bynnag, yr ewythr *cyntaf*, nid yr ail, sydd yn gloff, er mai yng nghastell yr ail y gwelodd Peredur yr orymdaith. Hawdd esbonio'r dryswch hwn o droi at ramant Chrétien. Yno, cyfeirir at ddau frenin, y Brenin Bysgotwr a'r Brenin Cloff. Cyfarfu Perceval â physgotwr mewn cwch, a hwnnw a'i hanfonodd at y castell lle y trigai'r Brenin Cloff, ac yn y castell hwnnw y mae'r arwr yn dyst i'r orymdaith. Wrth sôn am 'lys y brenhin cloff', felly, y mae'r forwyn hyll yn dilyn patrwm *Le Conte du Graal* yn hytrach na'r hyn a adroddwyd eisoes yn y stori Gymraeg. Digwydd yr un anghysondeb yn y ddwy fersiwn a gadwodd y rhan hon o'r naratif, sef testunau'r Llyfr Gwyn a'r Llyfr Coch. Eto i gyd, er nad oedd yr ewythr cyntaf ei hun yn pysgota, dyna beth a wnâi ei weision yn y fersiynau hyn. Awgryma hyn ei fod yn cyfateb i'r Brenin Bysgotwr o ran ei swyddogaeth yn y naratif.

Dylid nodi hefyd mai dwy forwyn sydd yn dal y ddysgl fawr (sydd yn cyfateb i'r greal) yn *Peredur*:

> Gwedy tewi yspeit vechan, ar hynny, llyma dwy vorwyn yn dyuot y mywn a dyscyl vawr y rygthunt, a phen gwr ar y dyscyl . . . (HP 20.13–15)

Y mae hyn eto'n cyd-fynd â'r manylion yn y *Conte du Graal*, gan mai morwyn sydd yn dal y greal yn y rhamant honno:

> .I. graal entre ses .ii. mains
> Une demoisele tenoit. (Busby 1993, ll. 3220–1)

Achosodd y ffaith mai morwyn, nid dyn, a ddygai'r greal drafferth mawr i'r llenorion hynny a ddilynodd Chrétien ac a fynnai roi ystyr Gristnogol i'r greal a'i ddefodau. Gan na chaniateid i ferched ganu offeren y cymun, na chario cwpan y cymun, bu rhaid i'r forwyn hon ildio'i lle i lanc yn yr *Estoire del Saint Graal*, *La Queste del Saint Graal* a'r *Didot Perceval*. Er hynny, yn y *Didot Perceval* caniateir i ddwy forwyn gymryd rhan yn y ddefod: morwyn yn cario dau blât o arian yn ymddangos yn gyntaf cyn y daw dau lanc ifanc yn cludo'r waywffon a'r llestr.[9] O gofio'r amrywiadau hyn, a'r anesmwythyd a gododd ynglŷn â rôl merch yn yr orymdaith, y mae'n arwyddocaol bod y gwas melyn sy'n cyfarch Peredur yng Nghaer yr Enrhyfeddodau ar ddiwedd y chwedl Gymraeg yn honni: 'mi a deuthum a'r pen yn waedlyt ar y dyscyl' (HP 70.l–2), er mai dwy ferch, fel y gwelsom, a oedd yn gyfrifol am y gwaith hwn yn y disgrifiad cyntaf o'r orymdaith (HP 20.13–15).

Fel y tystia'r ychydig enghreifftiau hyn, y mae yna ddryswch ar adegau yn y naratif Gymraeg, gydag anghysonderau rhwng yr hyn sy'n digwydd yn rhannau cyntaf yr hanes a'r cyfeiriadau at yr un digwyddiadau yn nes ymlaen. Ond o edrych ar y dryswch mewn ffordd fwy cadarnhaol, hoffwn awgrymu bod perthynas *Peredur* â'r traddodiad Ffrangeg yn fwy cymhleth fyth. Yn hytrach na gweld *Peredur* yn chwedl sydd wedi ei seilio'n fras ar Chrétien, gydag episodau neu gyfres(i) o episodau sy'n tarddu o'r traddodiad brodorol, efallai y dylem ystyried dyled y chwedl Gymraeg yn ei ffurf hir i ramantau Ffrangeg eraill, heblaw *Le Conte du Graal*. Nid gwadu dylanwad Chrétien yw fy amcan, eithr awgrymu y gall *Peredur* fod yn ddyledus i ramantau Ffrangeg eraill yn ogystal. Y mae hynny'n bosibilrwydd cyffrous, gan y byddai'n awgrymu bod llenor Cymraeg yn hanner cyntaf y drydedd ganrif ar ddeg yn gyfarwydd ag ystod o destunau cyfandirol, yn hytrach nag ag ambell un yn unig.

Yn sicr, fel y nodwyd uchod, y mae rhai o episodau *Peredur* yn dilyn Chrétien yn agos iawn. Ond ar adegau, hyd yn oed lle y ceir cyfatebiaeth gyffredinol rhwng y chwedl Gymraeg a'r rhamant Ffrangeg, gellir dangos bod y Gymraeg yn agosach i destun Ffrangeg arall. Y mae'r wybodaeth am gefndir teuluol Peredur ar ddechrau'r chwedl, er enghraifft, lle yr adroddir sut y lladdwyd ei dad a'i frodyr mewn twrnameintiau, yn hynod o debyg i'r hyn a geir yn y *Bliocadran*, testun diweddarach na'r *Conte du Graal* ond a gyfansoddwyd yn fuan ar ôl oes Chrétien.[10] Yn rhamant Chrétien (Busby 1993: ll. 407–88), gan ei fam y clywodd Perceval sut y ciliodd ei dad i'r *gaste forest* (y 'goedwig anial') wedi iddo gael ei anafu a cholli ei gyfoeth. Dau frawd hŷn oedd gan Perceval, a bu farw'r tad yn ei alar wedi i'r ddau fynd yn farchogion a chael eu lladd. Yn y *Bliocadran*, fodd bynnag, dywedir bod gan dad Perceval un ar ddeg o frodyr, y lladdwyd pob un ohonynt mewn rhyfeloedd a thwrnameintiau, a bod y tad hefyd wedi ei ladd yn yr un modd ychydig ddyddiau cyn geni'r mab. Yn sgîl y digwyddiadau hyn y penderfynodd y fam fynd â'i phlentyn i'w fagu yn y goedwig, ymhell o'r byd. Er gwaethaf y gwahaniaethau – brodyr y tad (nid brodyr yr arwr) a leddir – y mae'r fersiwn hon yn debycach o lawer nag eiddo Chrétien i'r hyn a geir yn *Peredur*.

Eto, y mae'r chwedl Gymraeg yn cynnwys rhai episodau nas ceir o gwbl yn *Le Conte du Graal*, ond sydd yn digwydd mewn testunau Ffrangeg eraill. Yr un fwyaf trawiadol yw'r gyfres olaf o anturiaethau yn *Peredur*, sef antur y bwrdd gwyddbwyll hud, hanes y carw a'r colwyn, a'r marchog dan y llech sydd yn codi i ymladd dair gwaith â Pheredur (HP 66.21–69.14). Ceir cyfres o anturiaethau hynod o debyg yn ail barhad y *Conte du Graal* (*La Deuxième Continuation*) a hefyd yn y *Didot Perceval*. Y mae'r *Deuxième Continuation* yn gynharach na'r *Didot Perceval*, ac y mae'n debyg mai o'r rhamant gyntaf y benthyciwyd y rhan hon o'r ail.[11] Ail-law neu beidio, o ran cywair ac arddull y mae'r *Didot Perceval* yn agosach na'r *Deuxième Continuation* at *Peredur*. Hanes y bwrdd gwyddbwyll yn y *Didot Perceval* sy'n dangos y tebygrwydd orau:

> Lors s'en revint enmi le sale et vit devant les fenestres un eskekier de fin argent, et par desus l'eskekier avoit uns eskés de blanc ivoire et de noir, et estoient assis autresi com por jüer. Et quant Percevaus vit les eskés si biaus, si vint cele part et regarda les eskés molt longement. Et quant il les ot assés regardés, si prist les eskés si les manoia et en bouta un avant, et li eskés retraist contre lui.
>
> Quant Percevaus vit les eskés qui traioient contre lui, si le tint a molt grant mervelle, et retrait un autre eskec et uns autres retrait contre lui. Et quant Percevaus le vit, si s'asist et commença a jüer, et tant jua que par trois fois le mata li gius. Et quant Percevaus vit çou, si en ot molt grant engagne et dist: 'Par la foi que je doi a nostre Segnor, grant mervelle voi, que je cuidoie tant de cest giu savoir, et il m'a maté par trois fois. Et je aie dehait quant jamais moi ne autre cevalier matera ne ne fera honte.' Lors prist les eskés

el pan de son hauberc et vint a le fenestre et les volt jeter en l'aigue qui desous couroit. Issi com il les devoit laissier aler, si li escria une demisele qui desor lui estoit a une fenestre en haut, et li dist: 'Cevaliers, vostre cuers vous a esmeü a molt grant vilenie faire, qui les eskés volés ensi jeter en l'aigue. Et saciés que se vous les i getés, vous ferés grant mal.' Et Percevaus li dist: 'Demisele, se vous volés venir aval, saciés que je n'en i geterai nul.' (Roach 1941: ll. 472–93)

(Yna y daeth ef i mewn i'r ystafell eto a gweld bwrdd gwyddbwyll o arian pur o flaen y ffenestr, ac ar y bwrdd gwyddbwyll yr oedd darnau o ifori gwyn a du, wedi eu gosod ar gyfer chwarae. A phan welodd Percevaus mor hardd oedd y darnau, nesaodd atynt a syllu arnynt yn hir. Ac wedi edrych digon, cododd y darnau a'u byseddu a gwthio un ohonynt ymlaen, a symudodd y darn yn ôl yn ei erbyn.

A phan welodd Percevaus y darnau'n chwarae yn ei erbyn, fe synnodd yn fawr, a symud darn arall ac fe symudodd un arall eto yn ei erbyn. A phan welodd Percevaus hyn, eisteddodd a dechrau chwarae a chwarae nes i'r werin ei warchae dair gwaith. A phan welodd Percevaus hynny, fe ddigiodd yn fawr a dweud: 'Myn y gred sy'n ddyledus i'r Arglwydd, dyma ryfeddod mawr: roeddwn i'n credu fy mod yn gwybod cymaint am y gêm hon, ac mae wedi fy ngwarchae dair gwaith. Gwarth fyddai i mi neu i unrhyw farchog arall ddioddef gwarchae heb gywilyddio.' Yna casglodd y darnau i odre ei lurig a dod at y ffenestr gan fwriadu eu taflu i'r dŵr a redai islaw. Pan oedd ar fin eu gollwng, dyma forwyn a oedd uwchben mewn ffenestr uchel yn gweiddi arno: 'Farchog, mae eich calon wedi eich arwain i wneud drygioni mawr os taflu'r darnau i'r dŵr yw eich bwriad. A gallaf eich sicrhau os taflwch hwy y gwnewch ddrwg mawr.' A dywedodd Percevaus wrthi: 'Forwyn, os dewch chi i lawr, gallaf eich sicrhau na thaflaf i'r un ohonynt.')

Y mae lleoliad yr anturiaethau dan sylw yn bwysig yn y cyswllt hwn: yn y *Didot Perceval*, ar ôl iddo gael ei geryddu am ladd y carw y daw Peredur am y tro cyntaf i lys y Brenin Bysgotwr lle y mae'n dyst i'r orymdaith ac yn methu â gofyn y cwestiwn pwysig wrth iddo syllu arni. Yn y chwedl Gymraeg fel y'i ceir yn y Llyfrau Gwyn a Choch y mae'r gyfres hon o anturiaethau yn arwain yn syth at y diweddglo, ond gellid dadlau bod Caer yr Enrhyfeddodau yn cyfateb yma i gastell y Brenin Bysgotwr yn y *Didot Perceval*.

Y mae'r *Didot Perceval* yn cynnwys nifer o fanylion neu elfennau eraill sy'n gyfarwydd yn y traddodiad Cymraeg. Un o'r enghreifftiau gorau yw hanes y brain sydd yn dod i gynorthwyo'r marchog a enwir Urbain wrth iddo ymladd yn erbyn Perceval wrth geisio amddiffyn y rhyd, hanes sydd yn dwyn i gof y cyfeiriadau at Owain a'i franes mewn ffynonellau Cymraeg. Ond eto yn y *Deuxième Continuation* hithau ceir elfennau sydd yn debyg iawn i rai yr arferwn eu hystyried yn frodorol, neu o leiaf yn perthyn i draddodiad Celtaidd. Yn chwedl *Peredur* daw'r arwr i ddyffryn lle y mae defaid du yn pori ar y naill ochr i'r afon a defaid gwyn ar yr ochr arall:[12]

> A phren hir a welei ar lan yr afon, a'r neill hanher oed idaw yn llosci o'r gwreid hyt y vlaen, a'r hanher arall a deil ir arnaw. (HP 48.6–8)

Cyfeiria Cynddelw at draddodiad am Sant Tysilio yn defnyddio cangen ddeiliog yn ffagl, ond y mae'r manylion a'r cyd-destun storïol yno yn dra gwahanol (gweler Henken 1987: 272). Ceir hanes tebycach yn y *Deuxième Continuation*, pan yw Perceval ar ei daith yn ôl i gastell y greal, ar ôl iddo fethu â gofyn y cwestiwn priodol ar ei ymweliad cyntaf. Yn sydyn fe wêl goeden ac arni ganhwyllau'n llosgi fel sêr:

> Devant soi garde, s'a veü
> Auques loing un arbre ramu
> Enmi sa voie droitemant.
> Et si avoit, mon escïent,
> Sus l'arbre plus de mil chandoilles
> Autresi cleres con estoilles. (Roach 1971: ll. 32071–6)

> (Edrychodd o'i flaen a gweld yn y pellter goeden ganghennog ynghanol ei lwybr. Ac fe debygwn i fod arni fwy na mil o ganhwyllau, mor ddisglair â'r sêr.)

Wrth i'r marchog nesáu at y goeden, y mae'r golau'n gwanhau ac unwaith y daw Perceval at droed y goeden y mae'r cyfan yn diffodd:

> Mais tant com plus i aproichoit,
> La grant clarté amenuisoit

Et aloit a declinemant.
Percevaux erroit duremant,
Desi qu'a l'aubre ne fina.
Quant il [i] vint, ainz ne trova
Chandoille, clarté ne riens nee. (Roach 1971: ll. 32083–9)

(Ond wrth iddo agosáu ati, aeth y golau disglair yn llai ac yn wannach. Prysurodd Percevaus ymlaen er mwyn cyrraedd cyn iddo ddiflannu. Ond pan gyrhaeddodd, ni chafodd yno na channwyll na golau na dim.)

Cyfeirir yn ôl at y digwyddiad hwn yn y *Continuation* a luniwyd gan Manessier, lle y mae'r Brenin Bysgotwr yn egluro natur a phwrpas y goleuadau, sef denu'r teithiwr at gapel melltigedig.[13] Er bod coeden hud a lledrith yn y *Didot Perceval* hefyd, nid oes sôn yno am goeden wedi ei goleuo, ond fe ymddengys eto mewn rhamant o'r enw *Durmart le Gallois*, a gyfansoddwyd rhwng 1220 a 1250. Yr oedd awdur y rhamant honno wedi ei drwytho yng ngwaith Chrétien de Troyes, ac y mae'n bosibl bod motif y goeden yn *Durmart le Gallois* wedi ei fenthyg o'r *Deuxième Continuation* ei hun. Ar wahân i *Durmart le Gallois*, sydd yn gymharol ddiweddar, yn *Peredur* a'r *Deuxième Continuation* yn unig y ceir y goeden hud a lledrith gyda motif y llosgi yn rhan o'r ddelwedd.

Enghreifftiau wedi eu codi ar hap yw'r rhain, ond y maent yn ddigon i ddangos bod deunydd yn chwedl *Peredur* nad oes dim yn cyfateb iddo yn *Le Conte du Graal* ond sydd yn cyfateb i rannau o ramantau Ffrangeg eraill, sef yn benodol, y *Deuxième Continuation* a'r *Didot Perceval*. Ond beth yn union yw'r berthynas rhwng y rhain a *Peredur*? Pwy sydd yn benthyca oddi wrth bwy? Ynteu a ddylem gasglu bod y rhamantau Ffrangeg a *Peredur* yn tynnu ar un ffynhonnell, neu'r un ffynonellau, a bod pob llenor yn dewis rhai elfennau a gwrthod eraill? Y mae'n dra annhebygol y byddai'r gyfres o anturiaethau am y bwrdd gwyddbwyll, y carw a'r dyn dan y llechen wedi codi'n annibynnol yn y ddwy wlad. Rhaid barnu bod dylanwadu neu fenthyca wedi digwydd, ond i ba gyfeiriad?

Gan na wyddom i sicrwydd pryd y ffurfiwyd hanes Peredur yn y Gymraeg, y mae'n anodd onid yn amhosibl sefydlu cronoleg a phrofi a oedd chwedl *Peredur* wedi ei ffurfio cyn y *Deuxième Continuation* neu'n ddiweddarach. Ni allaf gynnig ateb pendant, felly: dim ond damcaniaeth. Ond y mae'n anodd gennyf osgoi casglu bod *Peredur* yn ddyledus i fwy nag un rhamant Ffrangeg, a bod y sawl a fu'n gyfrifol am y chwedl Gymraeg, yn ei ffurfiau presennol, yn gyfarwydd â'r pwll eang o draddodiadau am Perceval a oedd wedi cronni yn Ffrainc yn y degawdau'n dilyn ymddangosiad *Le Conte du Graal* gan Chrétien. Efallai nad oedd proses cyfansoddi a chopïo *Peredur* yn wahanol iawn i'r patrwm yn Ffrainc, oherwydd erbyn dechrau'r drydedd ganrif ar ddeg, yr oedd tynnu ar nifer o ffynonellau blaenorol yn ddull cyffredin o greu rhamantau newydd, a dengys y fersiynau llawysgrif o destunau megis y *Didot Perceval* a'r *Première Continuation* raddfa o amrywiaeth ac ansefydlogrwydd testunol digon tebyg i'r hyn a welwn yn nhraddodiad llawysgrifol y chwedl Gymraeg. Yn hyn o beth, eto, perthyn *Peredur* i draddodiad Ewropeaidd: nid eithriad ydyw i'r patrwm cyfandirol. Fel ei gymheiriaid yn Ffrainc a'r tu hwnt, tynnodd y sawl a fu'n gyfrifol am *Peredur* yn ei ffurf bresennol ar waith Chrétien yn bennaf. Yno y cododd anturiaethau cynnar yr arwr, yr hanes am y modd y cafodd ei dderbyn i'r byd Arthuraidd a chychwyn ar y cais am y greal. Ond ar gyfer ail hanner y naratif yn y fersiynau a gadwyd yn y Llyfr Gwyn a'r Llyfr Coch, bu'r *Deuxième Continuation* neu'r *Didot Perceval*, ond yn debycaf oll y ddwy, yn gloddfa bwysig iawn. Er mai chwedl Gymraeg, yn cael ei hadrodd mewn dull Cymreig, yw *Peredur*, y mae hi hefyd yn sicr yn perthyn i un o brif ffrydiau llenyddiaeth Ewrop, ac yn cyfranogi o ddatblygiadau yn nhraddodiad naratif y Cyfandir.

Nodiadau

[1] At olygiad Busby (1993) y cyfeirir yma.

[2] Dyma'r cefndir a ffurfiodd fethodoleg Mary Williams, a fu'n astudio ar gyfandir Ewrop; gweler M. Williams (1909), a chymharer Thurneysen (1912).

[3] Y mae ymchwil diweddar yn yr Almaen yn codi cwestiynau am y berthynas rhwng astudiaethau Celtaidd yn negawdau cyntaf yr ugeinfed ganrif a thwf syniadau gwleidyddol Natsïaidd. Canolbwyntio ar achosion Gwyddelig yn bennaf y mae Lerchenmueller (1997) a Heinz (1999). Ceir trafodaeth ar nifer o agweddau ar y gydberthynas rhwng gwleidyddiaeth ac ymchwil ysgolheigaidd ym maes hanes iaith a llên yn Frank Fürbeth et al. (1998).

[4] Ar ddechrau *Le Conte du Graal* cyfeirir at Philippe d'Alsace, a ddaeth yn iarll Fflandrys yn 1168, fel noddwr yr awdur. Bu Philippe farw yn y Groesgad yn 1191 ond gadawsai Ffrainc erbyn mis Medi 1190. Credir i Chrétien gyfansoddi ei holl ramantau yn y 1170au a'r 1180au, ac iddo ddechrau ar *Le Conte du Graal* ar ôl 1181.

[5] '"Coment avez vos non amis?"/Et cil qui son non ne savoit/ Devine et dist que il avoit/Perchevax li Galois a non.' (Busby 1993, ll. 3572–5). Y mae arwr Chrétien yn ddienw ar ddechrau ei ramant ef, eithr enwir Peredur ar ddechrau'r chwedl Gymraeg: 'A'r seithuet mab idaw, Peredur y gelwit' (HP 7.6).

[6] Y mae'r duedd hon yn parhau ymhlith rhai ysgolheigion megis Jean-Claude Lozac'hmeur; gweler, e.e., Lozac'hmeur (1985).

[7] Casglwyd rhamantau Cylch y Fwlgat ynghyd yn gyson yn y llawysgrifau, eithr cael eu copïo ar wahân fu hanes y *Didot Perceval* a'r *Perlesvaus*; i ryw raddau y mae'r *Perlesvaus* yn cynnig dilyniant i fersiwn gynharaf y *Prose Lancelot*, fersiwn nad yw'n perthyn i Gylch y Fwlgat (Kennedy 1986; Lloyd-Morgan 1984).

[8] Yn ddiweddarach, yn 1515, cyhoeddwyd fersiwn brintiedig yn y Sbaeneg: *Demanda del Sancto Grial con los maravillosos fechos de Lançarote y de Galaz su hijo*.

[9] 'Ensi com il seoient et on lor aportoit le premier mes, si virent d'une cambre issir une demisele molt ricement atiree, et avoit une touaile entor son col, et portoit en ses mains deus petis tailleors d'argent. Aprés vint uns vallés qui aporta une lance, et sannoit par le fer trois goutes de sanc; et entroient en une cambre par devant Perceval. Et aprés si vint uns vallés et portoit entre ses mains le vaissel que nostre Sire douna a Joseph en le prison, et le porta molt hautement entre ses mains' (Roach 1941: ll. 1216–23).

[10] Golygwyd y testun gan Hilke (1932: 430–54), ac yn ddiweddarach gan Wolfgang (1976).

[11] Gweler Roach (1941: 52–6) am drafodaeth ar gydberthynas y ddwy fersiwn.

[12] Dangosodd John Carey (1983) fod motif y defaid symudliw yn digwydd mewn testun Hen Wyddeleg, *Immram Curaig Maele Dúin*. Amhosibl fyddai profi ai benthyca uniongyrchol neu dynnu ar hen draddodiad cyffredin i Gymru ac Iwerddon yw'r esboniad.

[13] Y mae'r esboniad hwn yn ymddangos fel ymgais ar ran Manessier i gyfiawnhau ac egluro elfen yn y naratif nad oedd yn ei deall.

RESEMBLANCE AND MENACE: A POST-COLONIAL READING OF *PEREDUR*

Stephen Knight

I

> The authority of that mode of colonial discourse that I have called mimicry is therefore stricken by an indeterminacy: mimicry emerges as the representation of a difference that is itself a process of disavowal. (Bhabha 1994: 86)

There is nothing new in suggesting that *Peredur* was created in a context where Welsh and Norman-French cultures meet, whether in the South-east as R. M. Jones (1957) argued, or in the North as Peter Wynn Thomas's recent dialect researches suggest (Thomas: this volume). It is, though, a new and potentially very illuminating approach to conceive this textual relationship, as realized in *Peredur*, in terms of colonization and the complex culture that is generated in that process. I want to employ some of the insights and analyses that have recently been developed in post-colonial criticism to cast light on this early though by no means unique example of a colonial text in Welsh. In this I will be deploying some of the ideas of the post-colonial critic Homi Bhabha; I find his work particularly interesting both because of its searching nature and also because it focuses on the actual form of the colonial text as a medium of meaning, whereas much post-colonial criticism is concerned primarily with a politics not embodied in the texts but immanent in the social and racial conflict to which they relate. A textual focus is my own major interest, in this chapter and elsewhere, but in any case in studying a medieval period it is perhaps generally wise to stay close to the text itself as our only solid evidence, if solid is indeed the word.

It seems appropriate to give some outline of what Bhabha's statements amount to before looking at how they might cast light on *Peredur*. Post-colonial criticism, it is worth noting, operates in an enigmatic time-space. The criticism is itself *after* colonialism because it looks back at the process from beyond the phenomenon itself; but the critics are speaking as if they are outside a cultural and social system where they have in fact lived, and whose language and customs they still largely practise; they are themselves the products of a highly sophisticated colonial education and are highly aware of the compromising nature of their situation. That sense of duality, of highly qualified authority, is often part of the scholarly discourse itself, notably so with Bhabha; it may well also be so in the case of modern academic interpreters of early Welsh, working as they usually do inside an academic structure that is certainly not Celtic in its epistemology or ontology. That sense of inculpation, of evaluative indeterminacy, is, I will argue, a marked feature of *Peredur* itself. We can learn from the texts.

In his well-known, much-discussed essay 'Of mimicry and man: the ambivalence of colonial discourse' (1986 and 1994; I will refer throughout to the much more readily available 1994 version), Bhabha explores the persistent presence and the elusive role of mimicry in the colonial situation. To enlarge his often gnomic comments: the native-born Indian, for example, might well speak, dress, write in modes associated with the power of the imperial presence. But such mimicry would never be entirely ventriloqual, as the speaking faces would remain non-European, as would much of the positioning – Rabrindinath Tagore is a major English-language writer, but not an English writer in the national sense. Bhabha uses the deliberately challenging word 'hybrid' for such a figure. Robert Young (1995: 22–6) has recently suggested that Bhabha participates in racialist power structures through using this term, but that reading seems in itself partial, using an unduly sexualized agenda and too little aware of the conscious ironies of Bhabha's usage: the hybrid in botany is the stronger form. As part of defending, and reapplying, Bhabha's usage, it might well also be noted here that not only the colonizer's discourses of conservative power can be mimicked: Mulk Raj Anand, the Bengali Marxist novelist, grew his own hybridity on a different European stock, in equally fertile Indian soil.

But if those processes can be interpreted as mimicry produced by the colonized, it should be noted that there is another sort of writing that emerges from the experience of the colonizer. Kipling is thought of as a crassly imperialist writer, and he did produce work of that kind, especially in poetry, but he also creates a hybrid text, both admiring and appropriating some Indian values; while it is easy to see 'Gunga Din' as patronizing and *Kim* as a public-school espionage story, there is a degree of racially based indeterminacy and re-evaluation about them, a questioning of the full authority of the white ruler which hybridizes with colonized values. In the medieval Arthurian context, Chrétien de Troyes may well be a Kiplingesque figure, dominating and exploiting, yet also being seduced by, Celticity of various kinds: but that is another issue, another paper. The point is to explore how mimicry can be a multiple medium for critique of colonial authority or at least be a means of realizing an unstable and inherently hybrid sociocultural situation, such as that found in parts of twelfth-century Wales. Within the rule of colonial power the play of the text can ironize the new culture, value the old, and more particularly produce a structural and aesthetic matrix for the conflicted feelings and self-considerations of people who receive and in some ways mimic the imposed social and cultural forces.

The literary process weaves those complex forces into a whole statement, riven as it will be with tensions of various kinds. If the voice is that of mimicry and the character and author and text are hybrid, the organizing technique of the mimicked hybridity is what post-colonialism describes as syncretic, a credible yet still visible and so disputable linking together of discrete elements. Least discussed in post-colonialist theory, probably because of the flight from formalism that has followed the diminution of the Leavisite and New Critical schools of close reading, the meaning of form in the syncretic colonial text can be very revealing. The syncretic text will linguistically, imagistically, structurally, bring together formal elements which are not usually found together and which mark, even realize, the ideological and personal strains of the colonized situation.

My last point in this general account is to consider the remarks by Bhabha which I am using as epigraph and title for this chapter. The epigraph sums up Bhabha's subtlest and most radical thoughts on this topic. He begins a major sequence of his essay by dealing a simple card: 'mimicry represents an *ironic* compromise' (1994: 86). New Criticism could get that far, and be happy to admire blandly the tension revealed. Bhabha goes further. He moves on to state that 'the discourse of mimicry is constructed around an *ambivalence*' (1994: 86). Critical theory tightens up the language, sharpens the perceptions: this is now a 'discourse', that is language with power in context; matters are 'constructed', they do not just exist naturally *ab ovo*; 'ambivalence' is the anti-centralist focus of this argument.

With his theoretical throat cleared in this way, Bhabha lays out his analysis in full form, saying that the 'authority' of 'that mode of colonial discourse that I have called mimicry' arises through the nature of its multiplicity, which is 'stricken by an indeterminacy' (1994: 86). He indicates that there will be something present of which we cannot be confident; the power of the hybrid discourse runs in more ways than one – but one function of which we can be sure is 'disavowal'; the authority of the colonial situation is resisted. But there may be more than imposed power to disavow: by being hybridized, the voice of the colonized may, in its antique purity, itself be disavowed. As with Rushdie and the Mullahs, there may as a result be a crucial split and disavowal present between the mimic artist and the native sources of cultural authority which are being deployed as part of the hybrid structure. The mimicker in some way gives value to the thing mimicked. Nobody comes out clean. As Bhabha sums up epigrammatically, and for me in titular form, 'mimicry is at once resemblance and menace' (1994: 86). The 'resemblance' that is created in the mimicry looks in two directions: both colonizer and colonized are involved as subject and object of the mimicry; the brutality of the colonizer and the exploitation of the colonized are at once represented, revealed and evaluated, even in menacing terms, in the process of hybridized mimicry.

II

That set of positions almost demands to be brought to bear on *Peredur* – and indeed on the texts of many English-language Welsh authors like Caradoc Evans and the Thomases, Dylan,

R. S. and Gwyn (of Rhondda) but, interestingly, not on those who are inherently unhybridized either by remaining inward-facing like Dafydd ap Gwilym or by being inherently relocated elsewhere like Raymond Williams. To focus on *Peredur*, the medieval Welsh context is clearly colonial, with the imposed power Anglo-Norman in racial and political terms and Norman-French in cultural terms, as is indicated by great castles, intermarriage, place-names, sociopolitical practices and, of special interest here, cultural manifestations. It is evidently appropriate to construct an argument about how *Peredur* looks in terms of a post-colonialist critique.

Since critics began to tire of the apparently endless speculation about the relationship of *Peredur* to Chrétien's *Perceval*, there has been a number of structural analyses, the most searching being those by Goetinck (1975), who saw the text as elaborating a range of episodes deriving from a sovereignty myth, and Lloyd-Morgan (1981) who stressed the oral and non-linear character of the narrative but perceptively described many balances and connections between sequences through the story. Commentators tend to concur broadly on the various segments of the story (which largely agree with the divisions indicated with large initials in the White Book, for what that is worth), but to group them in from three to five segments depending on their wish to connect, or to separate, themes beneath the story. Lovecy summarized these arguments at some length in his essay on structure (1978: 139–45) and more briefly in his overview essay on *Peredur* (1991: 172–4). Yet for all this analysis there has been little recent confidence that the structure has any rationale: Lovecy has firmly criticized Goetinck's view of a sovereignty-focused single structure and comments that 'The structure of the separate parts of *Peredur* could still be examined more closely' (1978: 146). Lloyd-Morgan (1981: 230–1) shows many interesting parallels and continuities between elements of the tale, and does not see a 'deeper structure' in existence but rather 'a central narrative trunk', being the story of Peredur himself, with 'side-shoots' that are not clearly connected but, in the characteristic mode of oral narrative, enrich and expand the tale. Lovecy's negative and Lloyd-Morgan's positive analysis of the structure of the tale are both valid in my view; but I want to argue here for the existence of a further pattern, namely that the lack of a sovereignty-centred deep structure, the oscillation between incident and incident, and the relation between 'central narrative trunk' and 'sideshoots' can all be understood in terms of the types of writing and the types of response that come from, and also express, the position of a writer in a colonial situation.

A reading based on a post-colonial premise sees the text divide clearly into four segments. The first runs up to Peredur's acceptance by Arthur and the king's rebuke of Cai for being rude to the young man; the second moves through a range of varied adventures until Peredur's relationship with Angharad Law Eurog and his staying at Arthur's court; the third goes up to his fourteen-year relationship with the *Ymerodres*; and then follows the last sequence of the text. Other analysts divide the opening half differently, often like Thurneysen (1912: 186) continuing the first part until the end of the 'blood on the snow' sequence. But the slightly different divisions that I have proposed rest on stages in the socialization, that is the colonial incorporation, of the hero. Several of these sections will be seen to have structural and thematic variations within them, especially the last sequence, which falls into two quite different parts with relation to source treatment and its presentation of native and imposed materials. But the movement of the whole text appears to depend on these four, as it were, acts of the developing sociocultural narrative, four stages in realizing in cultural form the tensions between colonized and colonizer.

The opening pages of the text seem to plot clear moves in a bi-cultural tension where Celtic and Gallic motifs and themes collide in a continuous narrative. The process is syncretic, the effect is hybrid. Peredur is from the British Old North, last male survivor of warfare, bundled off to safety among 'meek contented folk who were incapable of combats or wars' (Jones and Jones 1949: 183). The warlike past is consumed, replaced by a cowering present remembering only dimly and tragically the native glories of the past, lost in *yr Hen Ogledd*. The motif of the last survivor is well enough known in Celtic – as in the Llywarch Hen saga or the figure of Gorau in *Culhwch ac Olwen*, but here the cause of past disaster is itself modern in reference, as is implied by the fact that Efrog fought in Gallic *twrneimeint* as well as in Cymric *ymladeu a ryueloed* (HP 7.3–4).

This hybridized treatment continues in Peredur's encounter

with knights. They are not simply Anglo-Norman colonial oppressors: they are also heroes of Celtic culture, Gwalchmai, Gwair and Owain. Peredur may at first represent a location for innocent Celticity between a lost past and a compromised present, but he, and so we, are at once drawn into the structures of mimicry central to the imperializing situation, so familiar in the colonial literature at large. This process is exemplified in a brilliant image, one of many in this text and a classic of colonized mimicry: having seen these Gallo-Celtic knights, Peredur the pure *Cymro* imitates their harness and trappings with 'withes', flexible willow branches. It may seem a ludicrous, even pathetic process, suggesting the inherent inauthenticity of Peredur's actions; but it is also a debilitation of Celtic heroism. The withe is the all-purpose medium of ancient Celtic heroic self-expression as found memorably in the *Táin Bó Cúailnge* (where the hero's boyhood deeds include chasing wild animals, as in *Peredur*).

In this sequence the text expresses its sense of a complex and double-facing position for the situation it represents. Retreat into the mountains of Celtic cultural antiquity is not an option: engagement with the colonizing force is a reality. The equipment for that engagement is uncertain, a mixture of doubtfully relevant tradition and contemporary improvization. The harness made from withes is a figure for the whole text and its meaning. This makeshift, hybrid response is what the situation urges on Peredur; there is no future among the tame folk of the mountain retreat – or not according to the ideology of Normanized Wales. The complex, ironic, and also ineluctable, nature of this process of involvement in the new culture and the improvised response of mimicry are also to be seen in the strangely incoherent, possibly dangerous and fully hybrid advice given by his mother, a garbled litany of correct chivalric behaviour that is just as improbably ill-founded and just as distant from, but still referential to, Celtic heroism as is Peredur's wickerwork harness.

So, syncretizing Celtic tradition with Norman-French institutions, and suggesting neither to be entirely admirable or even authentic – the 'disavowal' that Bhabha identifies – *Peredur* moves off with a mixture of resemblance and menace embodied in his adventures and fully familiar to the post-colonial critic. The hero confronts a formidable enemy encased in Norman armour; he defeats him in a fully native tradition with a spear through the eye, linking him, according to Goetinck (1975: 184–6), with Balor. But this is not a simple cartoon of native triumph: he does not know how to disarm his victim until he is acculturated into the techniques of chivalry, and this occurs in the text. Even a guerrilla victory becomes an inculpating process. French culture embraces the hero in his victory as much as it did the he- and she-dwarves at court who, in their sullen incorporated defeat, act as figures symbolizing the diminished Welsh present, as do the non-giant characters in *Breudwyt Ronabwy*.

As the text continues, Peredur visits his two uncles: similar but different, they etch in intermingled form, like the eye-spear episode, both Cymric value and its present incapacity. The first uncle sits in grandeur on brocaded silk before a blazing fire, induces Peredur's successful swordplay and praises him in distinctly native terms: 'thou wilt be the best man that smites with a sword in this Island' (Jones and Jones 1949: 190), using the phrase *yn yr ynys hon* (HP 18.10) so familiar in the *Trioedd* and the *Mabinogi*. The second uncle's house is less grandly welcoming but there are many squires who are 'excellent . . . in courtesy and service' (Jones and Jones 1949: 191). Jones and Jones press the Gallic implication with their word 'courtesy' though the original word is actually *gwybot* 'knowledge' (HP 18.30). Swordplay here involves smiting an iron column, which smashes Peredur's sword, in spite of the conclusion that he is the 'the best man that smites with a sword in the kingdom' (Jones and Jones 1949: 192). The wording is much less referentially Cymric than at the first uncle's house, simply *yn y teyrnas* 'in the kingdom' (HP 19.27). In keeping with that change, setting and context suggest that this is a colder, harder world of blood and iron, implicitly an Anglo-Norman world – there was a myth that Richard I, that hero of the period of the early French romances, could cut an anvil in half with his sword. If it seems a problem that these referentially different men are both uncles, it is worth empirically noting that intermarriage was a major feature of the Celtic-Norman Wales of the text's context: Welsh wives were common among the Norman lords and many people listening to such Welsh romances would have had Welsh uncles on the mother's side at least. That type of bicultural relationship is here made a medium for both the syncretic combination and the sense of a hybrid tension in the situation, and from a Cymric viewpoint it amounts to a disabling, sword-smashing involvement with the colonizing power that the text is already expressing.

The second uncle's house, however, is more than merely Norman-French in its cultural connections: it is also the locale of events which clearly relate to the myth of the grail procession. Here we find the bleeding lance and the human head on a platter. Whatever the sources of such motifs might be in Celticity – mystic ritual and sovereignty symbolism being the favourites – it is hard here to separate them from the lance which was the major Norman weapon and the death it brought to their enemies; the double meaning of *pen* in Welsh ('head' and 'chief') is also suggestive: on the platter lies not only a human head, but also the notion of independent Cymric chieftainship, cut off with military defeat in the areas where this text was developed. Other features such as the dead mother and also the abused dwarves in the following scene help to drive home the imagistic sense of destruction that is both the origin and the reflex of this embarrassing involvement with *gwybot* and *gwassanaeth* (HP 18.30–19.1), two words which, in their literal sense of 'comprehension' and 'vassalage' (rather than Jones and Jones's 'courtesy' and 'service', 1949: 191), offer a full translation of the sociocultural conditions of the Welsh gentry under Anglo-Norman rule.

The end of the first sequence is Peredur's enrolment in the fully Gallicized court of Arthur, embodied in Arthur's praise of the young man and his intention to seek him for the purposes of honour; Cai is also rebuked for treating Peredur churlishly. Though there are some resonances of Culhwch's welcome at court here, the text has shown us how Gallic this court inherently is and it is no surprise to find that the pattern will elsewhere surround the incorporation of new heroes at the chivalrous court of the Norman-French Arthur, such as Gareth, Libaeus Desconus or even Galahad.

III

The second section of the text begins consistently with the tone with which the first section ends. In the following pages, Peredur has a dense series of adventures – he loves and remembers a mistreated beautiful lady, meets and deals with the witches of Caer

Loyw, repulses Arthurian knights while in a love-induced reverie, exchanges courtesies with Gwalchmai, defeats a lion and also a third of an opposing host, kills a serpent, conquers in joust Arthur's knights and the king himself, meets again his beloved Angharad Law Eurog, encounters socially with his peers and so finally he 'tarried in Arthur's court' (Jones and Jones 1949: 207).

The structure and character of this section are quite unlike the events of the first section, leading up to Peredur's incorporation at Arthur's court. Peredur is no longer a humble, withe-entwined ironic pastiche of a Norman-French knight; he has become one in operation.

There are two ways in which this second section seems to show a Gallic incorporation of the Cymric hero and his story. The structure of this narrative is very familiar to anyone who knows the French single-hero romance – this could be a thumbnail sketch of Chrétien's *Yvain*. Equally most of the material here is evidently a good deal less Celtic in its origins than that of the first section. That might seem as if hybridization is fading from the story, apart from its Welsh language. But this is not the case: in fact this section contains the most powerfully Celtic of the themes in the whole text – and presumably that is why both the structure and the other events are so fully Gallic, in order simply to foreclose and as it were possess, the strongly Celtic material.

The crucial figure is the beautiful but ragged young woman with whom this sequence begins and who appears, as Peredur's beloved, to be doubled by Angharad Law Eurog, 'Angharad Golden Hand'. Goetinck has argued most fully that this woman represents the concept of sovereignty, well known in Celtic, especially Irish tradition. In fact she bases her whole reading of the text on Peredur's quest to be reunited with this figure of sovereignty, and has linked this directly with the text's being a propaganda piece for Wales under Norman rule. She suggests (1975: 39) that the head on the platter is that of Gruffudd ap Llywelyn. Lovecy (1978) was distinctly negative in his response to Goetinck's suggestions in an essay and Lloyd-Morgan (1981: 188) indicates her agreement with him.

I am myself persuaded by Goetinck that the girl with red spotted cheeks does indeed represent the traditional concept of Celtic sovereignty; she is Peredur's first love and she is the lady whose dominion he ultimately re-establishes; in contemplation of her splendour he is able to resist both the assaults and the courtesy of the Celticized Arthurian knights. Yet it is also true to note, as Bromwich (1991: 283–4) comments, that the concept of sovereignty itself is somewhat distanced from the text. But that is the point: this is a hybrid text where Celticity is itself distanced and incorporated; it is not a fantasy of positive Celtitude, to adapt Frantz Fanon's concept of *négritude* as a dubious essence of black value. The Celtic material is in constant disavowing dialectic with the French features – both Peredur's native success in the first section and sovereign love in the second section are in fact no more than the platform on which he becomes fully hybridized, assimilated to Arthur's kingdom, and from which he departs again in the next sequence.

This is the process of the cultural work of the text: having battled in the first section to establish the hegemony of the Gallic, it now moves on with confidence to capture and further distance the crucial symbolic figure of sovereignty, enclosing the hero from the Old North in cross-Channel practices. He loves first the nameless figure of sovereignty, but she fades from the text and his memory and he secondly loves a beautiful woman he meets at Arthur's court, Angharad Law Eurog. Her name suggests a rich dowry, but it is sovereigns rather than sovereignty. Curiously the spelling of the last word in her name may be the same as Peredur's own patronymic, and there may here be a playful whisper of the sovereign lady with a landed name like that of Laudine (lady) and Lothian (land) in *Yvain*. But a whisper of Celtic sovereignty is, as Bromwich notes, all that survives, and there is a remarkable symbolic displacement of this separation in the fact that Peredur's service of Angharad is achieved while he is 'The Dumb Knight'. Changing languages, that constant feature of tension in the colonial context, is figured in the text just as Peredur transfers his attention from a tattered, but still beautiful and still recognizably Celtic version of sovereignty to a firmly Gallicized and gold-bearing version of the power-bringing female. To affirm this incorporation, Peredur himself operates like any Norman *iuvenis* in life or romance, seizing property through the convenient mechanism of marriage – a process basic to both reality and romance in the period (Duby 1977; Knight 1983: chap. 3). The text seems to have carried out a form of sociocultural closure; there is little more than a trace of wistful implication to remind the Cymric-orientated audience of the past grandeur that has now become hybridized, enclosed, in the structures of power and culture of a Norman court.

IV

If the process of that second section seems like an ending, the opening words of the next section certainly sound like a new beginning. Structural commentators agree that with the words *Arthur a oed yg Kaer Llion ar Wysc* (HP 42.19) a new sequence in the text begins. This continues through until the moment when Peredur settles down to rule with the *Ymerodres*, 'the Empress', for fourteen years, a process that takes place some fourteen pages later in Goetinck's text – about a quarter of the story. In some respects, as Goetinck notes (1975: 71–3), this at first is a much more Gallic-seeming sequence, as befits the hero's location at and departure from the royal court. Peredur moves, either with Arthur or without, through the isolative romance wilderness more often than the socialized valleys and hills more common in the Welsh texts; there is a coherent, though scarcely cause-and-effect-linked, sequence of adventures that is much like the French romances and quite unlike the sharply differentiated sequences of action in *Culhwch ac Olwen* or even the *Mabinogi*.

Yet at the same time there is a difference. Gallic the shape may be, but the material is mostly Celtic: the adventures themselves and the figures within them are not in *Perceval* and do not seem drawn from French materials so much as Celtic wonder-tale. Here we find the black one-eyed man, the Du Trahawg (close to the Du Traws in *Owein* and credibly related by Goetinck to Cú Roí and similar Celtic figures, 1975: 146–7); the cave of the *addanc*, described in a familiar Celtic way as a *gormes* or plague (HP 45.30), a traditional Cymric concept which appears to override any possible French connections (Goetinck 1975: 145); the dolorous mound and the worm, neither of which minor episodes appears to have clear French links. Goetinck's analysis shows (1975: 59–73) that this sequence in general is further from Chrétien's *Perceval* than any others in the text: after the romance-orientated opening there is a growing awareness of native tradition and the movement of the story, coherent French-style action (rather than list-based revelation) though it is, does have some resemblance to the gaining of the *anoethau* in *Culhwch ac Olwen*. And yet, as before, this identifying of the Celtic does not generate a sense of Cymric triumph; they are past references rather than present realities. And after the somewhat Celtic 'middle movement' of this section, colonizing closure operates. The overarching structure is distinctly feudal and romantic as Peredur encounters the Empress, serves and succeeds with her; he is courted by a lesser star in the aristocratic heaven, a mere countess, but finds a suitable partner for her in a man he conquers, Edlym, much as do the chivalric heroes with their multiple female admirers through French Arthurian Logres.

The whole third section seems more like a consistently interwoven piece of syncretic writing than is the first section, where the hybridity took intermittent and challenging form on a number of occasions before its resolution into Norman-French imitation and Cymric nostalgia in the second section. Where the first section for some distance quite sharply opposed the Celtic and the French components as in the two uncles, in the third section, although it uses a good deal of overtly Celtic material, there is from the start a much more fully synthesized version of two cultures, ending in the summit of Gallic heroic progress, imperial honour for Peredur and his *Ymerodres* (HP 56.14) – 'empress' being a word clearly suggestive of that greatest of Norman ladies in the mid-twelfth century, the Empress Matilda herself, daughter, wife and mother of kings. She is indeed, as Goetinck suggests (1975: 147), a figure of sovereignty, but it is a fully Anglo-Norman form of royalty. Peredur has gone like an Arthurian hero from Arthur's court to his own even grander royalty; however Celtic the elements, his trajectory is ultimately foreclosed within the fullest power-fantasy of romance. In one manuscript, Peniarth 7, that remarkable ascent is the conclusion and climax of the text, a magnificently successful end to Peredur's career as an upwardly mobile Gallicizing Welshman, and that version can be seen as having progressed through the tense representation of a hybrid situation in the first part, through the memorialization of past Celtic power in the second section, to the fully Gallicized rewards for faithful service in the arms of the Empress. Mimicry moves from uncertain critique, through incorporation, to fully syncretized acceptance in the three 'acts' of the Peredur drama found in Peniarth 7. Resemblance grows stronger and the sense of menace, both to the colonizing power and the colonized person, is weakened through the process.

I am persuaded that Peniarth 7 represents a complete form of the text in its first entity. Mary Williams thought this a good while ago (1909). Thurneysen, in a review, felt the final section was by the same author but from a different source (1912: 188), which might well be the case, but does not mean that Peniarth 7 was not complete, before the expansion was developed elsewhere. Lovecy (1991: 172) notes how the Peniarth 7 manuscript 'seems to end very definitely'. Even though she noted the independent source and 'lively style' of Peniarth 7, Goetinck (1975: 317) did not recognize the version as having priority or completeness, because she felt the whole text was focused on the final act of revenge. While the White Book versions have in the past usually been taken as the authoritative version, and Peniarth 7 usually classed as a 'fragment', it is earlier than the White Book (Huws: this volume), there seem good grounds for seeing it as a first complete text, before amplification.

It is intrinsically hard to see why a good quality text like Peniarth 7 should lack a whole final section if the whole text as we now have it was composed at one time. The Peniarth 7 text would be in post-colonial terms a quietist one, ultimately a cultural apology for and rationalization of the Normanization of Celtic warrior aristocracy – an exculpation for incorporation. It would be easy to imagine the colonial circumstances under which such a text might have been produced, and why the deliberately interrogatory nature of its first sequence and its initially Celtic-privileging second sequence were transmuted to the quietist syncretic harmony of the final sequence rather than continuing the menace inherent to strong mimicry and so clearly evident in the tensions of the opening sequence.

V

But as we know, the full text does not close there, and if Peniarth 7 was indeed the original, the ending we now have was added and communicated to other manuscripts. Though it might seem a dangerously easy step in considering a complex text to assume that it is not all composed at the same time, two kinds of causes lead me to suggest this. One is considerable experience in medieval manuscripts, both French and English and their intermittent augmentations. Reflecting on the state of *The Canterbury Tales* and its editorial additions, and also reflecting on the multiple post-dated continuations of Chrétien's *Perceval* makes this seem not a strained proposal in the context of *Peredur*, but rather one that relies on clear probability and common practice to suggest that a text of this kind might have been augmented. In addition there is the argument from post-colonialist theory – that a syncretic or assembled text is in fact the norm and that addition, elision and editing are themselves part of the process of a text being created in a disputed and often ideologically strained context.

The final sequence of *Peredur* certainly has some features that mark it off in a sharp way from the rest of the text, and to read the whole text post-colonially as a hybrid of Cymric and Gallic patterns will bring those characteristics into sharp focus. The source-hunting and *Artusfrage*-asking scholars all agree on one thing about the last section of the text: it is much closer in detail and movement to the structure of part of Chretien's *Perceval* than are previous parts of *Peredur*.

From the moment when the ugly and hero-abusing maiden enters, through the interpolation of a Gwalchmai adventure, up to the meeting with the priest on Good Friday, it seems clear that the text shares the same path, condensed and mildly varied as it might be, as the narrative structure of Chrétien's poem *Perceval*. This has not been the case before in *Peredur*: there have been features of French romance and evident knowledge of an early version of the romance *genre*, but they have not been linked like these or related to a known text in this way; in addition, the previous sections have a constant reference to Celtic structures, hybridized and incorporated as they might have become.

There are varied ways of explaining this newly evident presence of *Perceval* as a source that are worth raising briefly, without plunging into the murky depths of the *Artusfrage*. One is to surmise that Chrétien had always been the source, but that the Welsh author has previously altered and interpolated his French source a good deal, but now begins to lack variant imagination and so reveals his authority. However, it seems deeply improbable that a text as powerful as Chrétien's *Perceval* would not have shown its presence as a source previously, and I favour a more complicated but, in terms both of medieval literature and post-colonial critical experience, more credible account. I believe that the original text did end in a foreclosed way with the hero and the Empress coming together and that the text represented in Peniarth 7 was completed by another author – conceivably the same one – after the experience of having read, or heard, Chrétien's *Perceval*.

Chrétien's text apparently dates from the 1180s – before the disaster of Hattin in 1187, as I have discussed elsewhere (Knight 1993). Whereas the text up to the 'Empress' ending is a syncretic negotiation between the Celtic and the Gallic, a politically hybrid text with menace running in both directions out of its forms of resemblance, the final sequence is a consciously Cymric response to Chrétien's full Gallicization of materials which are at least in part Celtic. The prologue to *Perceval* indicates that Chrétien was given a certain book as a source by his patron, Philippe of Flanders, and there is no good reason to doubt this statement. It is perfectly possible that the *Peredur* itself in its Peniarth 7 version translated was that source, so constituting a text much like Béroul's *Tristan*, that clearly part-Celtic, indeed hybrid version of the Tristan and Isolde story, and source for Thomas's more fully romance-orientated text. The ideological and post-colonial meaning of Béroul's *Tristan* is in fact similar to that of the *Peredur* as outlined here.

Nothing that has emerged so far from this analysis would contradict the possibility of *Peredur* in the Peniarth 7 version being the source for Chrétien's *Perceval*. The way in which a post-colonialist critique has unfolded the text suggests that the structure of the single-hero adventure pattern of French romance literature is known to the author in terms of behaviour, setting, accoutrements and, the most important point, the opening of the third, 'Empress', section shows knowledge of the structure of a classic single-hero romance narrative. However, there is no clear evidence for a single-hero romance existing in French before the second half of the twelfth century, which makes Goetinck's date of 'soon after 1135' (1975: 39) seem a little early. Béroul's *Tristan* might be taken as being early in its original form, through the evidence of Celtic patterns in its technique and structure, but the actual date of the surviving text is a good deal later than that. The *lais* that have been associated with the name Marie de France, usually dated to the 1160s or 1170s, do seem to be aware of such a single-hero structure but this is obscured because they consistently work from a different viewpoint, either female or neutral. The date-disputed Modena tympanum (probably by 1150) and the work of the reported oral story-teller Bleddri (apparently before 1150) seem to suggest the possibility of such adventure stories existing before the mid-twelfth century (see Bromwich 1991 for a recent survey of this material). The structure of *Culhwch ac Olwen* itself is inherently a much ramified single-hero adventure, which appears to be dateable in something like its present form to the early twelfth century at the latest (Roberts 1991: 73). These points, allied to the fact that *Peredur* has, up to the final sequence, no evident dependence on Chrétien de Troyes, indicates that there is no reason to think that the bulk of the text as found in Peniarth 7 need be much later than about 1150.

VI

The reason I would argue with such confidence for the separate and originary existence of the Peniarth 7 version is that the second part of the final section of *Peredur* does not in fact follow carefully, in colonized slavishness, a major sequence of the French *Perceval* but in fact in its own way ultimately re-creates the indeterminacy of the early parts of the whole text. This last, post-Peniarth 7, section is itself in two parts; Lovecy has noted the change between the first part of this section, faithful to Chrétien, and the second: from the meeting with the priest, he says (1991: 178), 'the Welsh and French diverge, and any remaining comparisons are on the level of motifs rather than stories'. The second part steadily devalues the Gallic element, and gives growing authority to motifs and references which are fully Celtic. In this, the last section is less fully incorporative of the hero in Norman-French culture than is the third or 'Empress' section of the previous text. The last section of the *Peredur*, that is, engages in a full colonized mimic response to the colonizer mimicry of Chrétien's *Perceval*.

Up to the meeting with the priest, all is clearly romance-orientated, a condensed and translated, but largely intact, representation of the beginning of the final sequence of the *Perceval*. The possible Celtic antiquity of elements like the ugly maiden cannot contradict the fact that the order and treatment of the materials here is close to Chrétien's text: the Celtic materials are suspended in the amber of the Gallic poem, and that in some form must be the source for this first part of the last section.

Then things change. In spite of the French-seeming implications of *Caer yr Enrhyfeddodau* (*Château des Merveilles* seems the obvious original here, *pace* Goetinck 1975: 263), this Castle of Wonders has, as Goetinck observes, connections with the fortress of Annwfn (HP 112, note to 66.18). Celticity grows stronger as Peredur enters and watches the two sets of *gwyddbwyll* playing each other. The next *caer* has the irreducibly Celtic name of Ysbidinongyl (Goetinck's suggestion, 1975: 261, that this might be a translation of *Château Espinogre* seems the wrong way round: this is more likely to be a Celtic fossil); there Peredur needs to kill a *gormes*, as before a Cymric concept reminiscent of *Cyfranc Lludd a Llefelys*, but here improbably romance-oriented in the form of a rogue unicorn. That is not so much colonial incorporation as a parody of it. This jarringly hybridizing technique is still present as Peredur next jousts (Gallic) with a black man (Cymric), but all is brought firmly back to a Welsh and local focus, as the witches of Caer Loyw are blamed for everything; and where they were formerly dealt with in a Gallic-style heroic narrative sequence, here they are killed in an ending strongly reminiscent of the heroic upswing at the end of *Culhwch ac Olwen*. This is however not quite a fully Celtic sequence: there is inserted, clumsily, a rather romance-orientated narrative explanation of the motivation for all these events: Goetinck took this very seriously as the mainspring of the plot, but that is to accept too readily a linear and rational romance structure. As Lloyd-Morgan (1981: 187–93) makes clear, it is easier to agree with Lovecy (1991: 180), who feels this explanation is an 'afterthought': that air of inauthenticity about this non-Celtic moment itself indicates how far the redactor of the last part of Chrétien's *Perceval* has moved from the Gallic acceptance of the ending of the third 'Empress' section, the conclusion of the Peniarth 7 version.

This final section, that is, works its way away from the dominance of the colonizing French text through a hybridized interchange to a firmly Celtic end that evidently refers to the conclusion of the *echt* Celtic Arthurian masterpiece, *Culhwch ac Olwen*. This process, in fantasy at least, relives the Celts at their most aggressively masculine and their most triumphant over oppressors and enchantments – those two hostile modes in which the young Peredur apprehended the powerful and entrancing colonizing forces with which he came into contact. The ending is, in a real sense, asyncretic, separating the text's two discourses and finally privileging the Cymric. Where the ending of the Peniarth 7 version accepted resemblance and had largely buried the sense of menace, even to the colonized people themselves, the final sequence of the full text, as Peredur swings fiercely at the witches, re-creates the Celtic hero in something like his menacing ancient power, resembling very little in Norman-French culture and so constituting in ideational form a distinct menace to the colonizers of medieval Wales.

It is not probable that this quite elaborate approach-avoidance relationship with French culture and its military power could have been constructed in one unbroken creative sequence in response to Chrétien's text, because the French text does not exert a clear and coherent influence until the last part of *Peredur*, which manuscript evidence suggests, as strongly as the source evidence, was an addition. I believe that the varying nature of the relationship with the *Perceval* throughout *Peredur* is best explained as I have proposed here; this account also most clearly marks out the way in which the text is a hybridized syncretic dialogue with the culture of the colonizer, as is characteristic of all texts from this kind of context. It is a dialogue in which naive triumphalism is by no means the dominant element in the voice of the colonized, and wry self-inculpation may well be a recurrent feature as well as anger at, complicity with and, ultimately, fictional triumph over the newly imposed authorities. The whole is just the indeterminate mixture of mimicry and doubly directed disavowal that Bhabha identifies as characteristic in these colonial circumstances.

The straightforward 'guerrilla politics' reading of the text given by Goetinck needs considerable sophistication both as a reading of the overall function of *Peredur* and also as a detailed account of the way the text moves through its narrative effects – as well as its physical construction. Post-colonial theory provides the vocabulary and the techniques to understand the cultural and ideological implications of the multicultural context that R. M. Jones (1957) identified as basic to the text.

Other products of that context can be reinterpreted through the lens of post-colonial critique. Geoffrey of Monmouth's work is an epic of syncretizing that immerses the Celtic world within the culture of Norman power, as well as embracing the authority of biblical events and the classical world. Gerald of Wales produced more strained hybrid texts, revealing more of what it was experientially like in the force-field of twelfth-century cultural politics. Others like Walter Map and Marie de France, elusive in both identity and the direction of their texts, belong in the same field. It has always been clear that the Welsh Arthurian romances and their avatars from the hand of Chrétien de Troyes have a special and elusive relationship: a post-colonial reading can both identify and interpret the forces which are at work on and through those texts. The effect of such a reading is to see much more – both literary and political – in *Peredur* than was previously visible.

Rather than a clumsy borrowing from French romance, rather than a rough-hewn source for Chrétien's polished jewel, *Peredur* can and should be read as a complex representation of and negotiation with the real conditions of its sociopolitical context, a text which is, like the characteristic major works of colonial culture, multi-tonal, structurally and referentially enigmatic, evaluatively elusive, replete with indeterminacy and disavowal as well as hostility – and for all those reasons dynamic, within its own culture and as an influence in others, and right through time to the post-colonial present.

LLYFRYDDIAETH

Avent, Richard (1983). *Cestyll Tywysogion Gwynedd* (Caerdydd: Gwasg ei Mawrhydi).

Barber, Richard (1974). *The Knight and Chivalry* (Ipswich: Boydell Press).

— (1980). *The Reign of Chivalry* (Newton Abbot and London: David and Charles).

Bartrum, P. C. (1974). *Welsh Genealogies 300–1400* (Cardiff: University of Wales Press).

Bauman, Richard (1977). *Verbal Art as Performance* (Prospect Heights, Illinois: Waveland Press).

— (1986). *Story, Performance, and Event: Contextual Studies of Oral Narrative* (Cambridge: Cambridge University Press).

Bäuml, F. H. (1984). 'Medieval texts and the two theories of oral-formulaic composition: a proposal for a third theory'. *New Literary History* 16, 31–49.

Bhabha, Homi K. (1986/1994). 'Of mimicry and man: the ambivalence of colonial discourse'; tt.85–92 yn *The Location of Culture*, ed. Bhabha (London and New York: Routledge).

Biebuyck, D. (1972). 'The epic as a genre in Congo oral literature'; tt.257–73 yn *African Folklore*, ed. R. M. Dorson (New York: Doubleday).

Bollard, J. K. (1979). '*Peredur*: the four early manuscripts'. *Bwletin y Bwrdd Gwybodau Celtaidd* 28, 365–72.

— (1986). 'The story of Peredur son of Efrog'; tt.29–61 yn *The Romance of Arthur II*, ed. James J. Wilhelm (New York and London: Garland Publishing Inc.).

Bornstein, George (1993). Introduction; to *Palimpsest: Editorial Theory in the Humanities*, eds George Bornstein and Ralph G. Williams (Ann Arbor: University of Michigan Press).

Bossuat, Robert (1933). *Bérinus: Roman en prose du XIVe siècle* (Paris: Société des Anciens Textes Français).

Bramley, Kathleen Anne (1994, gol.). 'Gwaith Hywel ab Owain Gwynedd'; tt.103–88 yn Bramley et al.

Bramley, Kathleen Anne et al. (1994, goln). *Gwaith Llywelyn Fardd I ac Eraill* (Caerdydd: Gwasg Prifysgol Cymru).

Bromwich, Rachel (1961). 'Celtic dynastic themes and the Breton lays'. *Études Celtiques* 9, 439–74.

— (1974). 'Dwy chwedl a thair rhamant'; tt.143–75 yn *Y Traddodiad*

Rhyddiaith yn yr Oesau Canol, gol. Geraint Bowen (Llandysul: Gwasg Gomer).

— (1978). *Trioed Ynys Prydein: The Welsh Triads* (Caerdydd: Gwasg Prifysgol Cymru).

— (1991). 'First transmission to England and France'; tt.273–98 yn Bromwich, Jarman a Roberts.

Bromwich, Rachel a D. Simon Evans (1988, goln). *Culhwch ac Olwen* (Caerdydd: Gwasg Prifysgol Cymru).

Bromwich, Rachel, A. O. H. Jarman and Brynley F. Roberts (1991, eds). *The Arthur of the Welsh* (Cardiff: University of Wales Press).

Bruford, Alan (1969). *Gaelic Folk Tales and Mediaeval Romances* (Dublin: Folklore of Ireland Society).

Bruns, Gerald L. (1980). 'The originality of texts in a manuscript culture'. *Comparative Literature* 32, 113–29.

Busby, Keith (1993, ed.), *Chrétien de Troyes: le Roman de Perceval ou Le Conte del Graal* (Tübingen: Max Niemeyer Verlag).

Byles, Alfred T. P. (1926, ed.). *The Book of the Ordre of Chyvalry* (London: Early English Text Society).

Carey, John (1983). 'The valley of the changing sheep'. *Bwletin y Bwrdd Gwybodau Celtaidd* 30, 277–80.

Chafe, W. L. (1982). 'Integration and involvement in speaking: writing and oral literature'; tt.35–53 yn *Spoken and Written Language: Exploring Orality and Literacy*, ed. Deborah Tannen (New Jersey: Ablex).

Charles-Edwards, Gifford (1979–80). 'The scribes of the Red Book of Hergest'. *Cylchgrawn Llyfrgell Genedlaethol Cymru* 21, 246–56.

Chaytor, H. J. (1945). *From Script to Print: An Introduction to Medieval Literature* (Cambridge: Cambridge University Press).

Chibnall, Marjorie (1969, ed.). *The Ecclesiastical History of Orderic Vitalis* Vol. II (Oxford: Clarendon Press).

Clover, Carol J. (1986). 'The long prose form'. *Arkiv för Nordisk Filologi* 101, 10–39.

Coleman, Joyce (1996). *Public Reading and the Reading Public in Late Medieval England and France* (Cambridge: Cambridge University Press).

Costigan, N. et al. (1995, goln). *Gwaith Dafydd Benfras ac Eraill o Feirdd Hanner Cyntaf y Drydedd Ganrif ar Ddeg* (Caerdydd: Gwasg Prifysgol Cymru).

Coulson, Charles (1979). 'Structural symbolism in medieval castle architecture'. *Journal of the British Archaeological Association* 132, 73–90.

Crouch, David (1990). *William Marshal: Court, Career and Chivalry in the Angevin Empire 1147–1219* (Harlow: Longman).

Davies, R. R. (1987). *Conquest, Coexistence, and Change: Wales 1063–1415* (Oxford and Cardiff: Clarendon Press, University of Wales Press).

Davies, Sioned (1989). *Llên y Llenor: Pedeir Keinc y Mabinogi* (Caernarfon: Gwasg Pantycelyn).
— (1995). *Crefft y Cyfarwydd: Astudiaeth o Dechnegau Naratif yn y Mabinogion* (Caerdydd: Gwasg Prifysgol Cymru).
— (1996). 'The reoralization of *The Lady of the Lake*'; tt.335–60 yn *(Re)Oralisierung,* Hrsg. Hildegard L. C. Tristram (Tübingen: Gunter Narr Verlag).
— (1998). 'Written text as performance: the implications for Middle Welsh prose narratives'; tt.133–48 yn *Literacy in Medieval Celtic Societies,* ed. Huw Pryce (Cambridge: Cambridge University Press).
de Vitry, Jacques (1890). *The History of Jerusalem, A.D. 1180* (London).
DeVries, Kelly (1992). *Medieval Military Technology* (Ontario: Broadview Press).
Diverres, A. H. (1982). '*Iarlles y Ffynnawn* and *Le Chevalier au Lion*: adaptation or common source?' *Studia Celtica* 16/17, 144–62.
Duby, Georges (1977, trans. Cynthia Postan). *The Chivalrous Society* (London: Edward Arnold).
— (1986, trans. Richard Howard). *William Marshal: The Flower of Chivalry* (London: Faber & Faber).
Eggers, H. (1956). *Symmetrie und Proportion epischen Erzählens* (Klett).
Elsky, Martin (1989). *Authorizing Words: Speech, Writing, and Print in the English Renaissance* (Ithaca and London: Cornell University Press).
Evans, D. Simon (1970). *A Grammar of Middle Welsh* (Dublin: Dublin Institute for Advanced Studies).
Evans, J. Gwenogvryn (1898–1910). *Reports on Manuscripts in the Welsh Language* (London: HMSO).
— (1907, ed.). *The White Book Mabinogion: Welsh Tales and Romances Reproduced from the Peniarth Manuscripts* (Pwllheli).
— (1907/1973, gol.). *Llyfr Gwyn Rhydderch: Y Chwedlau a'r Rhamantau* (Caerdydd: Gwasg Prifysgol Cymru).
Finnegan, Ruth (1970). *Oral Literature in Africa* (Oxford: Clarendon).
Flori, J. (1976). 'Sémantique et société médiévale: la verbe *adouber* et son évolution au XIIe siècle'. *Annales* 31, 295.
Foley, John Miles (1992). 'Word-power, performance, and tradition'. *Journal of American Folklore* 105, 275–301.
— (1995). *The Singer of Tales in Performance* (Bloomington and Indianapolis: Indiana University Press).
Foster, Idris Llywelyn (1959). 'Gereint, Owein and Peredur'; tt.192–205 yn *Arthurian Literature in the Middle Ages: A Collaborative History,* ed. Roger Sherman Loomis (Oxford: Clarendon Press).
Fürbeth, Frank et al. (1998, eds). *Zur Geschichte und Problematik der Nationalphilologien in Europa* (Tübingen: Max Niemeyer Verlag).
Goetinck, Glenys (1961). 'Historia Peredur'. *Llên Cymru* 6, 138–53.

Goetinck, Glenys (1965). 'Sofraniaeth yn y Tair Rhamant'. *Llên Cymru* 8, 168–82.

— (1975). *Peredur: A Study of Welsh Tradition in the Grail Legends* (Cardiff: University of Wales Press).

— (1976, gol.). *Historia Peredur vab Efrawc* (Caerdydd: Gwasg Prifysgol Cymru).

Green, D. H. (1994). *Medieval Listening and Reading. The Primary Reception of German Literature 800–1300* (Cambridge: Cambridge University Press).

Greg, W. W. (1950). 'The rationale of copy-text'. *Studies in Bibliography* 3, 19–36.

Gruffydd, R. Geraint (1980). *Daniel Owen a Phregethu*. Darlith Goffa Daniel Owen (Yr Wyddgrug: Pwyllgor Ystafell Goffa Daniel Owen).

Hathaway, E. J. et al. (1975, eds). *Foulke le Fitz Waryn* (Oxford: Blackwell).

Heinz, Sabine (1999, Hrsg.). *Die Deutsche Keltologie und ihrer Berliner Gelehrten bis 1945* (Frankfurt am Main: Peter Lang).

Henken, Elissa R. (1987). *Traditions of the Welsh Saints* (Cambridge: D. S. Brewer).

Hilke, Alfons (1932, ed.). *Der Percevalroman* (Halle: Max Niemeyer Verlag).

Hunter, Jerry (1988). 'Onomastic Lore in the Native Middle Welsh Prose Tales'. Traethawd M.Phil. Prifysgol Cymru: Aberystwyth.

— (1995). 'Testun dadl'. *Tu Chwith* 3, 81–5.

Huws, Daniel (1982). 'Llawysgrif Hendregadredd'. *Cylchgrawn Llyfrgell Genedlaethol Cymru* 22, 1–26.

— (1986). 'The manuscripts'; tt.119–236 yn *Lawyers and Laymen*, eds T. M. Charles-Edwards, Morfydd E. Owen and D. B. Walters (Cardiff: University of Wales Press).

— (1991). 'Llyfr Gwyn Rhydderch'. *Cambridge Medieval Celtic Studies* 21, 1–37.

— (1993). *Llyfrau Cymraeg 1250–1400* (Aberystwyth: Llyfrgell Genedlaethol Cymru).

Hymes, Dell (1974). 'Ways of speaking'; tt.433–51 yn *Explorations in the Ethnography of Speaking*, eds R. Bauman and J. Scherzer (Cambridge: Cambridge University Press).

— (1981). *'In vain I tried to tell you': Essays in Native American Ethnopoetics* (Philadelphia: University of Pennsylvania Press).

James, Christine (1994). '"Llwyr Wybodau, Llên a Llyfrau": Hopcyn ap Tomas a'r Traddodiad Llenyddol Cymraeg'; tt.4–44 yn *Cyfres y Cymoedd: Cwm Tawe*, gol. Hywel Teifi Edwards (Llandysul: Gwasg Gomer).

Jenkins, Dafydd and Morfydd E. Owen (1980, eds). *The Welsh Law of Women* (Cardiff: University of Wales Press).

Jones, Gwyn a Thomas Jones (1949, trans.). *The Mabinogion* (London: J. M. Dent & Sons Ltd., New York: E. P. Dutton & Co. Inc.).

Jones, J. J. (1940). 'Fragment of a French romance'. *Cylchgrawn Llyfrgell Genedlaethol Cymru* 1, 103–5.

Jones, Robert M. (1957). 'Y rhamantau Cymraeg a'u cysylltiad â'r rhamantau Ffrangeg'. *Llên Cymru* 4, 208–27.

— (1973). Rhagymadrodd i Evans (1907/1973).

— (1986). 'Narrative Structure in Medieval Welsh Prose Tales; tt.171–98 yn *Proceedings of the Seventh International Congress of Celtic Studies, Oxford, 1983*, eds D. Ellis Evans et al. (Oxford: Jesus College).

Jones, R. Tudur (1983). 'Dawn Môn'; tt.114–23 yn *Ynys Môn* (Bro'r Eisteddfod 3), goln Bedwyr Lewis Jones a Derec Llwyd Morgan (Llandybïe: Christopher Davies).

Jones, Thomas (1992, gol.). *Ystoryaeu Seint Greal. Rhan I: Y Keis* (Caerdydd: Gwasg Prifysgol Cymru).

Jones, W. (Ap Rhys) (1895). *Cofiant y Parch. Evan Thomas* (Llangollen).

Keen, Maurice (1984). *Chivalry* (New Haven and London: Yale University Press).

Kennedy, Elspeth (1986). *Lancelot and the Grail: A study of the Prose Lancelot* (Oxford: Clarendon Press).

King, David J. Cathcart (1983). *Castellarium Anglicanum: An Index and Bibliography of the Castles in England, Wales and the Islands* (Millwood, N.Y.: Kraus International Publications).

Kleinhenz, Christopher (1976). 'The nature of an edition'; tt.273–9 yn *Medieval Manuscripts and Textual Criticism*, ed. Kleinhenz (Chapel Hill: University of North Carolina, Department of Romance Languages).

Knight, Stephen (1983). *Arthurian Literature and Society*. (London: Macmillan).

— (1993). 'From Jerusalem to Camelot: King Arthur and the Crusades'; tt.223–32 yn *Medieval Codicology, Iconography, Literature, and Translation*, eds P. R. Monks and D. D. R. Owen (Leiden: Brill).

Lerchenmueller, Joachim (1997). *Keltischer Sprengstoff: Eine wissenschaftsgeschichtliche Studie über die deutsche Keltologie von 1900 bis 1945* (Tübingen: Max Niemeyer Verlag).

Lewis, Henry (1942, gol.). *Brut Dingestow* (Caerdydd: Gwasg Prifysgol Cymru).

Lloyd, Nesta a Morfydd E. Owen (1986, goln). *Drych yr Oesoedd Canol* (Caerdydd: Gwasg Prifysgol Cymru).

Lloyd-Morgan, Ceridwen (1981). 'Narrative stucture in *Peredur*'. *Zeitschrift für Celtische Philologie* 38, 187–231.

— (1984). 'The relationship between the *Perlesvaus* and the *Prose Lancelot*'. *Medium Aevum* 53, 239–53.

Loomis, Roger Sherman (1949). *Arthurian Tradition and Chrétien de Troyes* (New York: Columbia University Press).

— (1963). *The Grail From Celtic Myth to Christian Symbol* (Cardiff and New York: University of Wales Press, Columbia University Press).

Lord, A. B. (1960). *The Singer of Tales* (Cambridge, Mass.: Harvard University Press).

Lovecy, Ian C. (1978). 'The Celtic sovereignty theme and the structure of Peredur'. *Studia Celtica* 12/13, 133–46.

— (1991). 'Historia Peredur ab Efrawg'; tt.171–82 yn Bromwich et al.

Loyn, H. R. (1977). *The Vikings in Britain* (London: B. T. Batsford).

Lozac'hmeur, Jean-Claude (1985). 'Origines celtiques des aventures de Gauvain au pays de Galvoie dans le *Conte del Graal* de Chrétien de Troyes'; tt.406–22 yn *Actes du XIVe Congrès International Arthurien II* (Rennes: Presses Universitaires de Rennes).

Maas, Paul (1958, trans. Barbara Flower). *Textual Criticism* (Oxford: Clarendon Press).

McCann, W. J. (1985). 'Adeiledd y Tair Rhamant': *Gereint, Owein, Peredur*'; tt.123–33 yn *Ysgrifau Beirniadol* 13, gol. J. E. Caerwyn Williams (Dinbych: Gwasg Gee).

Manguel, Alberto (1996). *A History of Reading* (London: Flamingo).

Marx, Jean (1961). 'Le cortège du château des merveilles dans le roman gallois de Peredur'. *Études Celtiques* 9, 92–105.

— (1963). 'Observations sur la structure du roman gallois de Peredur'. *Études Celtiques* 10, 88–108.

Menhardt. H. (1931). 'Rittersite: ein rheinfränkisches Lehrgedicht des 12 Jarhunderts'. *Zeitschrift für deutsches Altertum* 30, 153–63.

Meyer, P. (1891, ed.). *L'Histoire de Guillaume le Maréchal* (Paris).

Middleton, R. (1991). *Chwedl Geraint ab Erbin*; tt.147–57 yn Bromwich et al.

Morgan, Prys (1978). 'Glamorgan and the Red Book'. *Morgannwg* 22, 42–60.

Nims, M. F. (1967, trans.). *Poetria Nova of Geoffrey of Vinsauf* (Toronto: Pontifical Institute of Mediaeval Studies).

Oakeshott, R. Ewart (1960). *The Archaeology of Weapons* (London: Lutterworth Press).

Owen, Morfydd E. (1992a). *Drych yr Oes Haearn: Golwg Bardd Cymreig yr Oesoedd Canol ar Gymdeithas* (Darlith Hallstatt Machynlleth).

— (1992b). 'Literary convention and historical reality: the court in the Welsh poetry of the twelfth and thirteenth centuries'. *Études Celtiques* 29, 69–85.

— (1994, gol.). 'Gwaith Seisyll Bryffwrch', tt.371–412 yn Bramley et al.

— (1996, gol.). 'Gwaith y Prydydd Bychan'; tt.1–178 yn *Gwaith Bleddyn Fardd a Beirdd Eraill yn Ail Hanner y Drydedd Ganrif ar Ddeg*, goln Rhian M. Andrews et al. (Caerdydd: Gwasg Prifysgol Cymru).

Owen, Morfydd E. (2000). 'Royal propaganda: stories from the law texts'; tt.224–54 yn *The Welsh King and his Court*, eds T. M. Charles-Edwards, Morfydd E. Owen and P. Russell (Cardiff: University of Wales Press).

Painter, Sidney (1933). *William Marshal: Knight-Errant, Baron, and Regent of England* (Baltimore: Johns Hopkins Press).

Parry, Thomas (1952, gol.). *Gwaith Dafydd ap Gwilym* (Caerdydd: Gwasg Prifysgol Cymru).

Rejhon, Annalee C. (1984). *Cân Rolant: The Medieval Welsh Version of the Song of Roland* (Berkeley: University of California Press).

Remfry, P. M. (1995). 'Cadwallon ap Madog Rex de Delvain 1140–1179 and the re-establishment of local autonomy in Cynllibiwg'. *Transactions of the Radnorshire Society* 65, 11–32.

Reynolds, L. D. and N. G. Wilson (1968). *Scribes and Scholars: A Guide to the Transmission of Greek and Latin Literature* (Oxford: Oxford University Press).

Richards, Melville (1948, gol.). *Breudwyt Ronabwy* (Caerdydd: Gwasg Prifysgol Cymru).

Roach, William (1941, ed.). *The Didot Perceval according to the manuscripts of Modena and Paris* (Philadelphia: University of Pennsylvania Press).

—— (1971, ed.). *Continuations of the Perceval* IV (Philadelphia: American Philosophical Society).

Roberts, Brynley F. (1961, gol.). *Gwassanaeth Meir* (Caerdydd: Gwasg Prifysgol Cymru).

—— (1968). 'Un o lawysgrifau Hopcyn ap Tomas o Ynys Dawy'. *Bwletin y Bwrdd Gwybodau Celtaidd* 22, 223–8.

—— (1975, ed.). *Cyfranc Lludd a Llefelys* (Dublin: Dublin Institute for Advanced Studies).

—— (1976). 'Tales and romances'; tt.203–43 yn *A Guide to Welsh Literature* I, eds A. O. H. Jarman and Gwilym Rees Hughes (Swansea: Christopher Davies).

—— (1978). 'Copïau Cymraeg o Prophetiae Merlini'. *Cylchgrawn Llyfrgell Genedlaethol Cymru* 20, 14–39.

—— (1991). '*Culhwch ac Olwen*, the Triads, Saints' Lives'; tt.73–95 yn Bromwich et al.

—— (1992). *Studies on Middle Welsh Literature* (Lewiston/Queenston/Lampeter: Edwin Mellen Press).

—— (1996). 'Ysgolheictod chwaethus'. *Y Casglwr* 56/57, 20.

—— (1998). 'Scholarly publishing 1820–1922'; tt.221–35 yn *A Nation and its Books: A History of the Book in Wales*, eds. Philip Henry Jones and Eiluned Rees (Aberystwyth: National Library of Wales).

Rodway, Simon (1998). 'A datable development in medieval literary Welsh'. *Cambrian Medieval Celtic Studies* 36, 71–94.

Rosenberg, Bruce A. (1988). *Can These Bones Live? The Art of the American Folk Preacher* (Urbana and Chicago: University of Illinois Press).

Rhŷs, John and J. Gwenogvryn Evans (1887, eds). *The Text of the Mabinogion and other Welsh Tales from the Red Book of Hergest* (Oxford).

Smith, J. Beverley (1998). *Llywelyn ap Gruffudd: Prince of Wales* (Cardiff: University of Wales Press).

Tannen, Deborah (1989). *Talking Voices: Repetition, Dialogue, and Imagery in Conversational Discourse* (Cambridge: Cambridge University Press).

Thomas, A. (1922). 'Découverte de fragments d'une poème française inconnue sur Bérinus'. *Journal des Savants* 20, 74–81.

Thomas, Graham C. G. (1987). 'A verse attributed to Cadwallon fab Cadfan'. *Bwletin y Bwrdd Gwybodau Celtaidd* 34, 67–9.

Thomas, Peter Wynn (1993). 'Middle Welsh dialects: problems and perspectives'. *Bwletin y Bwrdd Gwybodau Celtaidd* 40, 17–50.

— (1997). 'Haenau *Breudwyt Maxen*: ymarferiad mewn archaeoleg destunol', tt.73–99 yn *Ysgrifau Beirniadol* 23, gol. J. E. Caerwyn Williams (Dinbych: Gwasg Gee).

Thomson, R. L. (1968, ed.). *Owein or Chwedyl Iarlles y Ffynnawn* (Dublin: Dublin Institute for Advanced Studies).

— (1971). 'Iarlles y Ffynnon: the version in Llanstephan MS. 58'. *Studia Celtica* 6, 57–89.

— (1997, ed.). *Ystorya Gereint uab Erbin* (Dublin: Dublin Institute for Advanced Studies).

Thorpe, Lewis (1966, trans.). *Geoffrey of Monmouth: The History of the Kings of Britain* (Harmondsworth: Penguin Books).

Thurneysen, R. (1912). Adolygiad o Williams (1909). *Zeitschrift für Celtische Philologie* 8, 186–9.

Vinaver, Eugène (1976). 'Principles of textual emendation', tt.139–59 yn Kleinhenz.

Weisgerber, Leo (1925). 'Die Handschriften des Peredur ab Efrawc in ihrer Bedeutung für die kymrische Sprach- und Literaturgeschichte'. *Zeitschrift für Celtische Philologie* 15, 66–186.

White, Lynn Townsend (1962). *Medieval Technology and Social Change* (Oxford: Clarendon Press).

Williams, G. J. (1948). *Traddodiad Llenyddol Morgannwg* (Caerdydd: Gwasg Prifysgol Cymru).

Williams, Gruffydd Aled (1994, gol.). 'Canu Owain Cyfeiliog'; tt.193–227 yn Bramley et al.

Williams, Ifor (1908, gol.). *Breuddwyd Maxen* (Bangor: Jarvis and Foster).

— (1930, gol.). *Pedeir Keinc y Mabinogi.* (Caerdydd: Gwasg Prifysgol Cymru).

Williams, Mary (1909). *Essai sur la composition du Roman Gallois de Peredur* (Paris: Champion).

Williams, Patricia (1982). 'Y gwrthdaro rhwng serch a milwriaeth yn y Tair Rhamant', tt.40–56 yn *Ysgrifau Beirniadol* 12, gol. J. E. Caerwyn Williams (Dinbych: Gwasg Gee).

Williams, Robert (1876, ed.). *Y Seint Greal* (London: Thomas Richards).

Williams, Stephen J. (1930, gol.). *Ystorya de Carolo Magno* (Caerdydd: Gwasg Prifysgol Cymru).

Wolfgang, Lenora D. (1976, ed.). *Bliocadran. A prologue to the 'Perceval' of Chrétien de Troyes* (Tübingen: Max Niemeyer Verlag).

Young, Robert J. C. (1995). *Colonial Desire: Hybridity in Theory, Culture and Race* (London and New York: Routledge).

Zumthor, Paul (1954). *Histoire Littéraire de la France Médiévale* (Paris).

MYNEGAI